라이브 경제학

라이브 경제학

강성진 교수의 ——————— 고쳐 쓰는 경제원론

강성진 지음

매일경제신문사

맨큐가 공화당을 탈당한 이유

맨큐는 왜 공화당을 탈당했을까? 공화당이 지향하는 자유시장경제 체제를 부정해서가 아니다. 트럼프 행정부의 정책 방향에 반감을 가져서다. 정부의 강한 시장개입을 주장하는 버니 샌더스Bernie Sanders나 엘리자베스 워렌Elizabeth Warren을 지지하는 것은 아니라고 한데서 알 수 있다. 탈당 이유로 제시한 것은 무역전쟁, 기후변화에 대한 부정, 과도한 정부의 재정적자, 연방준비은행 공격, 무질서한 백악관, 해외 우방국에 대한 배신이다.

맨큐는 다음 네 가지 이야기를 하면서, 이 흐름을 따르는 후보자를 지지한다고 이야기했다.

첫째, 자유무역에 대한 복귀다. 트럼프 정부는 자유무역을 부정하는데, 이런 고립적인 무역정책에서 벗어나기를 권고한다. 부시 정부가 NAFTA 협상을 하고, 클린턴 정부에서 발효된 것처럼 미국의 개방적 무역정책을 따르기 원한다.

둘째, 기후변화에 대한 시장적 접근이다. 인류를 위협하는 기후변화에 대응하기 위하여 경직적인 정부규제보다는 탄소세 같은 시장적 접근을 권고한다.

셋째, 점진적인 의료체계 개혁을 권고한다. 보편적 의료보험체계는 너무 급진적이라고 보는 것이다. 아직 민간보험을 선호하는 사람들이 있는데, 이들을 배제할 이유가 없다는 것이다.

넷째, 인간의 공통적인 인간성과 공동 목표를 공유한다. 이는 트럼프의 고립주의와 극단주의를 강력히 비판하는 것이라 할 수 있다. 이분법적 논리로 부유층을 적대시하는 정치권에 대한 비판이다. 하지만 많은 부유층이 오히려 혁신적이며 기업가정신을 가지고 있다. 따라서 이들이 국가 생산성과 경제 수준을 높인다는 것을 인정하자는 이야기다.

맨큐는 근본적으로 시장경제에 믿음을 갖고 있다. 이에 많은 저서에서 시장 역할에 비해 정부 역할을 적게 서술하고 있다는 비판을 받기도 한다. 앞서도 언급했지만, 맨큐가 공화당을 떠난 것은 공화당이 지향하는 자유시장경제 자체가 싫어서는 아니다.

트럼프가 자유시장경제와 인류 공동의 목표(기후변화, 인류의 인간성)에 반하는 정책을 시행하고 있기 때문이다. 맨큐는 특정 당에 속하지 않는 무소속 신분으로 그가 제시하는 목표를 지향하는 후보를 지지하겠다고 했다. 비록 민주당 출신이라도 말이다.

한국 자본주의, 어디로 가야 할까?

2019년 조국 전 법무부장관의 청문회가 있었다. 조국은 '나는 자유주의자면서 사회주의자'라고 답변했고, 주변 모두가 놀랐다. 진짜로 사회주의를 원하는지 알 수 없으나 자유주의를 기본으로 하는 자본주의 체제와 이를 부정한 채 정부가 모든 것을 결정하는 사회주의 체제는 근본적으로 다르다. 북유럽 국가들의 또 다른 체제를 보자. 로렌스 리드(L. Reed, 2018)가 말했듯 북유럽 국가는 사회주의가 아니라 시장경제를 기본으로 하는 사회민주주의social democracy다. 자본주의 체제하에서의 변화인 것이다.

그렇다면 한국은 어떤 체제를 도입해야 할까? 맨큐가 주장하는 미국과 같은 수준의 시장의존도가 높은 자본주의 체제를 즉시 도입하는 것은 찬성하기 어렵다. 한국은 전통적으로 국가의 시장에 대한 강력한 개입, 즉 국가 자본주의 체제를 통해 급속한 경제성장을 달성한 국가다. 한국인은 정부의 개입과 규제에 상당히 익

숙해진 상태다. 급격한 규제완화나 시장기능의 도입은 반감을 사기 쉽다.

그러나 지금 자본주의 체제로는 지속가능한 발전을 유지하기 힘들다. 아직도 한국 시장은 공무원이나 정치인에 매우 민감하게 반응하기 때문이다. 물론 이러한 개발도상국형 정부 역할은 축소되어야 한다. 지금 우리 민간의 국제경쟁력은 세계적 수준으로 올라가 있다. 정부 간섭과 지시 없이도 자신들의 창의력과 추진력으로 충분히 성장할 수 있다. 정부는 민간부문에 지원하여 상호 원원하는 결과를 이끌어내야 한다.

여러 자본주의 체제 중, 시장과 정부 역할이 적절하게 조합되는 한국형 자본주의 체제가 무엇인지를 찾아야 할 것이다. 어떤 시스템이 과연 한국에서 잘 작동할 것인가? 무엇을 고치고 수정해야 하는가? 이번 코로나19로 큰 충격을 연달아 받고 있는 세계는 어떤 시스템하에서 부작용이 가장 덜할 것인가? 본문에 그 해답이 있다.

자본주의의 끝없는 모험

우리는 산업혁명을 겪으면서 그 이전에 경험치 못했던 수준으로 삶의 질을 개선시켰다. 매디슨A. Maddison의 자료를 보면 1820~1992년(172년 동안) 세계 1인당 실질 GDP는 연평균 1.21%가 증가했지만, 1500~1820년에는(320년 동안) 0.04%였다. 인구도 각각 0.95%, 0.29% 증가했다. 산업혁명 덕분에 짧은 기간 폭발적으로 삶의 질이 개선되었다.

산업혁명을 통한 대량생산은 시장경제와 기술혁신이 결합되면서 가능했던 것이다. 자유주의에 근거한 자유시장경제 체제는 인간 능력에 비례하여 대우받게 한다. 경쟁시장에서 성과가 낮거나 일할 능력이 없는 노동자는 임금을 받지 못하거나 적게 받는다. 하지만 이는 '사회적 약자를 배려해야 하고 소득분배를 개선하는 것이 먼저'라는 자본주의 명분 논리와 모순된다. 이 문제점으로 자본주의 체제는 초기부터 끊임없이 비판받아왔다.

대표적으로 시장과 가격기능을 전면 부정하고 정부가 시장경제를 대체해야 한다는 사회주의 체제가 있다. 러시아 혁명(1917년 10월)을 시작으로 사회주의 체제는 1980년대까지 전 세계 인구의 1/3과 영토의 31% 정도를 차지했다. 또한 1920년대 대공황을 거치면서 시장에 대한 정부개입을 허용하는 자본주의 체제로 변호했다(케인즈 주의). 계속되던 두 체제의 경쟁은 1978년 중국이 개혁·개방 정책을 펴고, 1991년 소련이 붕괴하면서 자본주의 승리로 끝났다.

하지만 자본주의에 대한 도전과 비판은 계속되고 있다. 이에 자본주의도 칼레츠기(A. Kaletsky, 2010)가 분류했듯 계속 변하고 있다. 기업도 주주자본주의shareholder capitalism에서 더 나아가 사회적 책임까지 고려하는 이해관계자 자본주의stakeholder capitalism를 도입하고 있다. 그럼에도 피케티(Piketty, 2014)가 밝혔듯 국가·개인 간 소득격차와 양극화는 더욱 심해지고 있다. 조프랭(Joffrin, 2006)이 주장한 캐비어 좌파나 한국 강남 좌파의 등장 또한 자본주의 문제점이라고 할 수 있다. 명분상으로는 저소득층의 배려를 우선한다고 주장하지만, 실제로는 반대다. 또한 포퓰리즘 정책도 문제 중 하나다. 이것도 사회적 약자와 대중을 먼저 배려한다는 명분을 갖는다. 하지만 결과적으로 경제성장으로 이어지지 않는다면 필요한 재원을 충분히 확보하지 못하게 된다. 이에 포퓰리즘이라는 비판을 받고 경제도 쇠퇴하게 된다.

한국 자본주의도 예외가 아니다. 강력한 도전에 직면해 있다. 한국은 다른 어느 국가보다도 정부의 강력한 시장개입으로 유례없는 경제발전을 이룩했다. 그러나 민간 경쟁력이 충분히 성숙된 지금, 민간주도형 경제발전 패러다임으로 전환할 필요가 있다. 4차 산업혁명과 디지털 시대에 대응하고 지속가능한 경제발전을 달성하기 위해서는 창의적인 민간중심의 시장경제체제로 전환해야 한다는 것을 의미한다.

이처럼 자본주의는 많은 도전을 받아가며 스스로 모험을 해왔다. 하지만 아직도 많은 논란이 계속되는 상태다. 본문에서는 자본주의에 대한 지금의 각종 논란들을 짚어본다. 또한 소득주도성장 정책과 장기적으로 한국의 발전 패러다임이 어느 방향을 가야 할 것인가에 대해 논의한다. 한국의 노동소득분배율, 소득분배 및 소득재분배, 최저임금, 부동산 가격과 규제 등 구체적인 문제들에 대한 오해와 팩트를 제시한다.

CONTENTS

PART 2 경제, 오해와 팩트

PART 1

고쳐 쓰는 자본주의

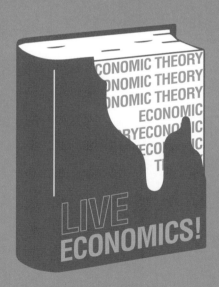

CHAPTER 1

경제학 10대 원리,
제대로 작동 중인가?

자본주의가 사회주의와의 경쟁에서 이길 수 있었던 이유는 무엇이었을까? 경제성장에 따른 삶의 질 개선 측면에서 우월했기 때문이다. 이는 개인의 경제적 인센티브에 따라 자율적으로 선택하게 하는 자유주의 사상과 '보이지 않는 손'에 따라 거래하도록 하는 시장의 역할 때문에 가능했다. 또한 폐쇄적 시장이 아니라 개방화·세계화에 따른 경쟁 도입도 경제 발전에 한몫했다.

하지만 시장 거래의 결과가 항상 완벽한 것은 아니다. 시장의 문제점은 정부가 적절하게 개입하여 해결할 수 있다. 더욱 효율적이고 공정한 시장경제가 굴러가도록 도움을 주는 것이다. 시장에서 소외된 사회적 약자는 정부의 복지정책으로 최소한의 삶의 수준을 유지할 수 있다. 이런 정부의 도움을 받아 시장경제체제는 시대와 상황에 따라 끊임없이 변화했고, 경쟁력을 유지해오고 있다. 그리고 아직은 이를 대체하는 경제체제가 등장하지 못하고 있다. 지금의 자본주의는 어떤 부분에서 문제가 생겼던 것일까? 자본주의 원리 자체의 문제일까, 운용을 잘못해서 생기는 것일까? 먼저, 자유시장경제 신봉자인 그레고리 맨큐 하버드대학 교수가 말하는 자본주의 기본 원리를 알아보자.

. . .

맨큐가 제시하는 경제학 10대 원리

맨큐는《경제학원론》에서 경제학의 10대 원리를 제시했다. 이는 인간의 합리성을 기반으로 하며, 자본주의 체제의 기본 원리를 강조하고 있다. 〈표 1〉은 10대 기본 원리를 정리한 것이다.

첫 번째는 사람들의 의사결정 원리에 관한 것이다. 어떤 선택으로 이득을 얻는다면 포기해야 하는 것이 생긴다. 기회비용이라고도 한다. 여기서 합리적인 사람은 발생 비용과 이득을 보고, 의사결정을 바꿀지 말지 결정한다. 즉, 자신의 행동에 대한 인센티브로 행동이 결정되는 것이다.

표1 • 맨큐의 경제학 10대 원리

원리의 분류	기본 원리
사람들의 의사결정의 원리는?	모든 선택에는 대가가 있다.
	선택에 대한 대가에는 이를 얻기 위해서는 포기한 것이 있다.
	합리적인 판단은 한계적인 차원에서 결정된다.
	사람들은 경제적인 인센티브에 의해 반응한다.
사람간의 상호작용은 어떻게 이루어지는가?	자유로운 거래는 모든 사람에게 이득을 준다.
	시장은 일반적으로 경제활동을 형성하는 좋은 방법이다.
	정부는 어떤 경우에 시장의 성과를 개선시킬 수 있다.
경제 전체에 영향을 주는 원천은 무엇인가?	한 국가의 생활수준은 그 나라의 생산수준에 의존한다.
	과도한 통화량 증가는 물가를 상승시킨다.
	인플레이션과 실업은 단기적으로 상충관계가 성립한다.

자료: Mankiw(2015).

경제학은 '희소한 자원을 가장 효율적으로 이용하는 방법은 무엇인가'를 고민하는 학문이다. 의사결정으로 어떤 선택을 하는 데는 항상 대가가 따른다. 예를 들어 '공짜 점심은 없다'라는 말과 같다. 자본주의 체제에서 이 선택은 각 개인이 판단하여 스스로 결정하는 것이다.

인간은 매일 선택을 한다. 아침에 집을 나서기 전, 입을 옷부터 시작해서 식사 메뉴에 이르기까지 하루에도 수많은 선택에 맞닥

뜨린다. 정부도 마찬가지다. 사회복지, 경제성장, 환경문제, 개방과 폐쇄경제, 규제와 탈규제 등 다양한 정책 선택을 하게 된다. 이 선택에 따라 기대하는 성과가 있다. 그러나 기대와 다른 성과가 나오는 경우 정책실패라고 한다. 한국에서 정책실패로 비판받는 대표적인 것이 부동산 정책이다. 규제로 부동산 가격을 안정시키려 하지만, 오히려 가격은 치솟는다. 왜 그럴까? 직접적·단기적으로 보면 부동산 거래를 억제하거나 세금을 올리면 주택 소유자가 부담을 느껴 가격을 내리고 거래를 줄인다고 생각할 수 있다. 그러나 '개인의 선택'이라는 것을 생각해보면 문제는 달라진다. 인센티브와 기회비용이라는 자본주의 체제의 기본 원리도 함께 생각해보자.

강남 주택의 잠재적 소비자는 '전 국민'이라 할 수 있다. 주변 인프라가 좋고, 명문 학군도 형성되어 있기 때문이다. 또한 강남에 재건축 예정 아파트도 있다. 재건축 아파트는 가격 상승률이 높고, 주변 지역의 가격까지 끌어올린다. 이런 와중에 하나의 매물이 시장 균형가격보다 낮다고 판단된다면 매입자가 몰릴 것이다. 생각해보자. 강남 아파트를 매입하면 다른 아파트를 샀을 때보다 더 많은 돈을 벌 수 있고, 더 좋은 인프라를 누릴 수 있다. 이런 훌륭한 강남 아파트는 가격이 계속 오를 것이다. 하지만 마침

각종 규제로 인해 가격이 고정(또는 하락)된다면? 매입자는 오히려 기회라고 생각하고 몰린다. 많은 이유들로 인해 수요가 늘어나면 가격도 당연히 상승한다.

두 번째는 '사람 간 의사결정의 상호작용이 어떻게 이루어지는 가'에 대한 설명이다. 시장에서 자유로운 거래가 이루어진다면 모두가 이득을 얻을 수 있다. 이는 개인 혼자 생산·소비하는 고립적 경제활동보다는 내가 저렴하게 생산할 수 있는 것을 집중적으로 만들고, 다른 사람과 거래하는 것이 오히려 더 만족감을 늘릴 수 있다는 이야기다. 서로가 잘할 수 있는 것과 얻을 수 있는 인센티브에 집중하는 것이다. 국가도 동일하다. 한국에도 자동차 기업이 있지만, 미국·일본 자동차를 수입하고 있다. 한국 자동차 산업은 부정적 영향만 받는 것이 아니라 오히려 발전할 수 있다. 한국 자동차도 다양한 이유(내구성, 디자인, 가격 등)로 미국과 일본 소비자의 선택을 받을 수 있다. 이로 인해 다시 한국 자동차 생산이 증가할 수 있다.

자본주의 체제는 이러한 거래가 가능하도록 하는 기구로 '시장'을 제시한다. 시장 수요와 공급을 통해서 결정되는 가격에 따라 거래가 이루어진다. 이를 '보이지 않는 손'이라고 부른다. 산업혁명을 거치면서 삶의 질이 개선된 결정적인 이유는 개인이나 국가

간 자유로운 거래 덕분이다. 이를 시장경제market economy라고 부른다. 자본주의 체제는 보이지 않은 손을 통한 개인의 자유로운 거래(의사결정)가 결국 사회적으로도 가장 바람직한 결과를 낳는다고 본다.

세 번째, '개인 의사결정에서 더 나아가 국가적 차원에서 경제가 어떻게 움직이는가'에 대한 것이다. 즉, 거시적으로 보면 한 국가의 생활수준(소득)은 그 나라의 생산수준에 따라 결정된다는 원리다. 여기에 더해 과도한 통화 발행은 물가상승을 불러와 오히려 경제에 해가 될 수 있다는 주장이다.

마지막으로, '인플레이션과 실업은 단기적으로 상충관계에 있다'는 원리다. 경제학자 사이에서는 장기적으로도 상충관계가 성립하는지에 대해 논쟁이 지속되고 있다.

10대 원리는 지금도 완벽한가?

경제학 10대 원리는 모든 개인이 경제적 인센티브에 따라 의사결정을 하고, 개인 간 거래가 시장에서 이루어지면 사회적으로도 바람직한 결과가 나타난다고 말하고 있다. 하지만 지금 상황을 보면 이 원리에 맞지 않는 부분이 있다. 이는 시장경제의 기본 원리로는 명확한 것이지만 우리가 처한 현실을 정확히 반영하지는 못한다. 시장원리를 보완하는 정부 역할, 즉 복지정책이 필요하다. 맨큐의 10대 원리에서 이 부분이 추가적으로 고려되어야 한다.

먼저, 시장은 완벽하지 않다. 시장에서의 거래가 현실적으로 반드시 바람직하지 않은 결과를 낳을 수도 있다. 이를 시장실패라고 부른다. 시장에서 기업 간 경쟁이 제대로 이루어지지 않는다면 독과점이라는 문제가 생긴다. 독점 기업이 부당한 이득을 취할 때 사회적으로 바람직하지 않은 결과라고 할 수 있다. 또한 시장은 개개인에게 소득을 공평하게 분배하는 역할을 완벽하게 할 수 없다. 예를 들어, 직장인은 능력에 따라 임금을 받을 수 있다. 하지만 능력이 없거나 일할 의지가 없는 사람은 소득을 얻을 방법이 없다. 이로 인해 양극화나 소득분배 악화가 심해질 수 있다. 시장은 이러한 사회적 문제를 공정하게 해결하는 데 한계가 있다.

시장실패 사례를 한 가지 더 보자. 시장 개방으로 인한 글로벌화는 많은 국가의 부를 증대시켰다. 결과적으로 인류 삶의 질을 확연히 개선했다. 하지만 최근 심각한 문제가 된 환경문제나 코로나19 사태 등을 보자. 환경문제는 어느 한 지역이나 국가에서 발생했다하더라도 다른 국가에까지 영향을 미칠 수 있다. 코로나19 사태에서도 알 수 있듯, 국제교류의 확대는 코로나 확산에 불을 붙인 꼴이 되었다.

이러한 시장의 문제가 계속 나타나고 있다. 그렇다면 이는 어떻게 해결할 수 있을까? 여기서 정부의 역할이 중요하다. 정부는 시장을 경쟁적으로 움직이게 해서 독과점 문제를 해소할 수 있다. 그리고 사회복지정책으로 소득분배·양극화 문제를 개선할 수 있다. 그러나 정부의 개입 또한 항상 바람직한 결과를 낳는 것은 아니다. 일부 정책 입안자나 정치인은 소수의 기득권자나 자신의 지역구만 생각하는 이기적 결정을 하기도 한다. 예를 들어, 정부 예산이 낭비되는 포퓰리즘이라는 문제가 있다. 소득분배 개선 정책이 오히려 소득분배를 악화시키기도 한다. 이는 정부실패라고 부른다.

여기서 자본주의 체제 내에서도 인간은 기본적인 삶의 수준을 누릴 권리가 있다는 전제를 인식해야 한다. 일하고 싶어도 기회가 주어지지 않아 실업자가 되는 게 현실이다. 능력이 없거나 신체적 조건이 되지 않아 일할 수 없는 계층도 있다. 이들은 정부 지원으로 기본적 삶을 누릴 권리가 있다. 이것이 자본주의에서 정부의 또 다른 역할이며 복지국가로 가는 길의 출발선이라고 할 수 있다.

지금 시장경제체제 속에서는 정부든 시장이든 어쨌든 '실패'가 일어난다. 그렇다면 자본주의 자체를 버리고 다른 무언가를 선택해야 할 것인가? 필자의 생각은 그렇지 않다. 자본주의 자체를 반대할 것이 아니라 체제 내에서 문제를 해결하고 부족한 것은 채워야 한다. 더 나아가 국제사회 공동의 노력으로 많은 문제를 풀어가야 할 것이다. 자세한 내용은 이어지는 챕터들에서 살펴볼 수 있다.

CHAPTER 2

자본주의가
사라질 수도 있을까?

앞서 언급했듯 산업혁명 때부터 자본주의 시장경제체제는 인류 삶의 질을 확연히 개선해왔다. 하지만 동시에 많은 비판도 받아왔다. 근본적인 문제, 예를 들면 양극화, 소득분배 악화, 사회적 약자 배려 문제, 환경문제 등을 해결하기에는 한계가 있었다. 이러한 문제를 극복하는 방향으로 변화하지 못한다면 자본주의는 커다란 위기에 직면하게 될 것이다.

• • •

자본주의 문제점과 그 운명은?

자본주의가 우월하거나 이상적이라고 이야기할 때는 자유주의에 근거한 인간 존중과 창의성, 의사결정의 합리성, 공정한 경쟁과 가격형성, 시장에 대한 정부 개입의 정당성 등을 전제로 한다. 이런 전제하에 합리적인 인간의 결정은 결국 사회적으로도 바람직한 결과를 만들어낼 수 있다. 가장 이상적인 사회다. 그러나 우리가 현실에서 보는 자본주의의 모습은 다르게 나타나는 경우가 많다. 이에 끊임없이 자본주의에 대한 의문이 제기되고 있다.

첫째, 자본주의가 아무리 발전하더라도 시장은 공평한 소득분배를 할 수 없다는 것이다. 이는 이미 산업혁명시기에 사회주의자들이 비판했던 것이고 지금도 계속되고 있다. 물론 정부의 사회복지정책 등 소득재분배 정책이 시행되고 있지만, 1980년대 이후 오히려 소득분배는 더욱 악화되고 있다. 또한 신자유주의라고 비판받을 정도의 세계화 정책이 강조됐다. 이 때문에 소득분배가 악화된 것이라는 비판을 받고 있기도 하다.

둘째, 산업혁명이 진행되면서 자본주의 체제 자체가 붕괴하고 다른 체제가 등장할 것이라는 주장도 나왔다. 예를 들어, 기술혁신으로 일자리 소멸을 우려했던 노동자들에 의한 기계파괴운동 Ludite movement 을 보자. 당시 영국 주력 산업이던 직물공업에 새로운 기계가 도입되기 시작했다. 기계는 노동자에 비해 적은 비용으로 더 많은 생산을 가능하게 했다. 이에 따라 노동자들에 대한 임금 삭감과 해고가 늘어나자 기계파괴운동이 여러 지역에서 일어났다.

마지막으로, 결정적 의문은 2008년 금융위기를 경험하면서부터 시작됐다. 대공황 이후 경제위기는 오일쇼크 같은 원자재 가격 변동이나 1980년대 사회주의 붕괴, 남미국가의 경제위기 같은 개발도상국에서 시작된 위기가 대부분이었다. 심지어 1997년 말 한국을 비롯한 동아시아 국가들이 경험한 외환위기도 개발도상국의 불완전한 시장경제에서 온 것이며, 자본주의 위기라고까지 진단하지는 않았다. 그러나 2008년 금융위기는 자본주의 체제가 가장 발달한 미국에서 시작되었다. 이 위기를 계기로 개방에 의한 발전, 규제완화의 정당성에 대한 의문이 제기되기 시작했다. 2012년 다보스 포럼에서는 자본주의 위기에 대해 세계적 학자들이 함께 논의하기도 했다.

이렇게 위태롭게 서있는 자본주의의 운명은 어떻게 될 것인가? 이매뉴얼 월러스틴의 《자본주의는 미래가 있는가》에서는 자본주의 미래에 대하여 상반된 의견을 제시했다.

자본주의 위기를 이야기한 주장을 보자. 월러스틴은 앞으로

30~40년에 걸쳐 세계 시장이 과포화 상태에 이를 것으로 보았다. 경제성장은 자본축적, 즉 투자로 이루어지는데 영속적인 투자 확대는 불가능하다. 따라서 이것이 한계에 도달하면 경제성장이 멈추게 되고 자연스럽게 자본주의 체제도 위험에 빠진다는 이야기다. 랜들 콜린스는 교육 받은 중간계급이 구조적 실업 상태에 놓이게 될 것이라 주장했다. 21세기 첨단기술의 발달은 중간계급을 잉여계급이 되게 한다. 결국 자본주의 유지에 중추적 역할을 하는 중간계급이 어려움에 처하면서 자본주의 체제도 어려움에 빠진다는 것이다.

반대 의견도 있다. 크레이그 캘훈도 자본주의에 대한 위협이 존재한다고 보았다. 그러나 이 위협은 자본주의 붕괴가 아닌 변형을 불러올 것이라 이야기한다. 위협 요인으로 금융 부문과 다른 경제 부문의 불균형, 공해·실업 등 문제 해결을 통한 사회발전이 경제발전을 따라가지 못한다는 점, 기후변화·전쟁 같은 외부 문제에 취약하다는 점 등을 제시했다. 마이클 맨은 기후변화를 비롯한 생태위기를 강조했다. 이 위기는 자본주의 특성인 이윤추구의 자본주의, 자신들의 주권을 강조하는 민족국가, 그리고 개인의 권리를 강조하는 소비자 등에 의해 발생한다고 보았다. 생태위기를 해결하기 위해서는 제도적 요인에서부터 변화가 일어나야 한다고 이야기한다.

하지만 자본주의 체제가 지속되기 어렵다고 주장한 월러스틴과 콜린스도 공산주의가 대안이라고 생각하지는 않았다. 이미 1970년대 공산주의는 종말에 이른다고 예언하였다. 게오르기 데를루기안도 과거 소련이나 중국 형태의 공산주의는 다시 출현할 수 없다고 했다. 이에 대한 내용을 자세히 보자.

사회주의가 다시 출현할 것인가?

자본주의의 문제점을 지적하고 대안으로 제기된 것이 사회주의 이론이다. 대표적 학자는 칼 마르크스, 프리드리히 엥겔스다. 이들은 자본주의는 근본적 모순(앞서 언급했던 내용)이 있으므로 어느 정도 수준의 경제발전이 이루어짐과 동시에 누적된 문제로 붕괴할 것이라 주장했다. 붕괴 후에는 자본주의 체제가 사회주의·공산주의로 전환될 것이라고 했다. 이 이론에 근거하여 러시아(1917)와 중국(1949)을 비롯한 많은 국가가 사회주의 국가로 전환되었다. 이들은 시장이 아닌 정부가 모든 의사결정을 했다. 사유재산은 인정되지 않고 국유화되었다. 농업도 집단농장 형태로 공동으로 운영되었다. 사회주의가 붕괴하는 1980년대 말을 기준으로 공산당 1당에 의한 사회주의 국가는 전 세계 인구의 1/3 그리

그림1 • 소련과 중국의 미국 대비 1인당 GDP 비율

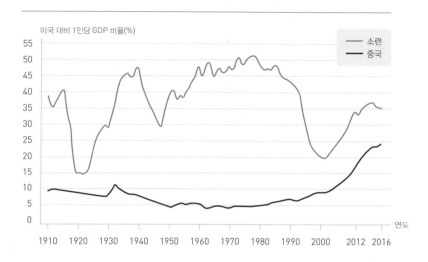

자료: Maddison Project Database(Version 2018)를 이용하여 저자 작성

고 전 세계 영토의 31%를 점유하고 있었다(Schnitzer, 2000).

자본주의와 사회주의는 늘 치열하게 경쟁했다. 하지만 1970년대부터 점차 자본주의가 압도하게 된다. 소련은 사회주의 체제로 전환한 초기에 빠른 성장을 했지만, 지속하지는 못했다. 반면 미국을 비롯한 자본주의 체제 국가들은 빠른 경제성장과 함께 성과가 지속되었다.

〈그림 1〉, 〈그림 2〉를 보면 사회주의가 자본주의와의 경쟁에서

그림2 ● 남한 대비 북한의 1인당 실질 GDP 비율

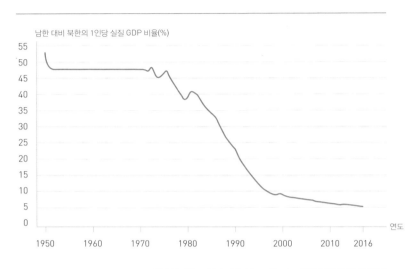

남한 대비 북한의 1인당 실질 GDP 비율(%)

자료: Maddison Project Database(Version 2018)를 이용하여 저자 작성

뒤처진 이유를 알 수 있다. 경제성과가 자본주의 국가보다 떨어졌기 때문이다. 〈그림 1〉은 미국의 1인당 GDP 대비 소련·중국의 1인당 GDP를 보여준다. 이를 보면 두 국가 모두 사회주의를 채택한 시기에 오히려 미국과 격차가 더욱 벌어졌음을 알 수 있다.

소련은 사회주의가 되던 1920년 전후, 미국의 1인당 GDP 대비 15% 정도에 불과한 개발도상국이었다. 사회주의로 전환된 이후에는 미국 대비 50%까지 상승했다. 이런 빠른 경제성장률은

1928년 이후 시행된 경제개발계획 때문에 가능했다. 농업부문에서 공업부문으로의 전환하는 정부의 자원 배분이 큰 원인이다. 시장에 따른 인센티브나 효율성에 따른 자원 배분이 아니었다. 따라서 소련은 단기적으로 큰 성장은 달성하였으나 이를 지속하지는 못했다. 1980년대 진입하면서부터 경제성장률은 더욱 하락했고 체제가 붕괴되기 시작했다. 1980년대 말에 이르러서는 미국 대비 20% 정도까지 하락했고, 사회주의로 전환하기 시작한 1910년대 수준까지 떨어졌다. 소련은 사회주의 체제를 유지하지 못했고, 1991년 붕괴하고 말았다.

중국도 사회주의로 미국을 추격하거나 추월하지 못했다. 모택동의 대약진 운동(1958~1960) 및 문화혁명(1966~1976)은 오히려 이들 국가의 경제 상황을 악화시켰다. 결국 중국은 1978년 개혁·개방을 통한 시장경제체제를 도입하기 시작하였다. 그러자 미국 대비 GDP 비중이 상승하기 시작했다.

또 다른 예시로 남한·북한 그리고 서독·동독이 있다. 〈그림 2〉는 남한 대비 북한의 1인당 GDP 비율을 나타낸 것이다. 1970년대 초까지 북한의 1인당 GDP는 남한의 50% 정도였다. 하지만 2000년대에 들어서는 5% 수준에 그쳤다. 남북한의 경제력 격차는 체제전환 후 더욱 확대되었음을 알 수 있다. 〈표 2〉는 과거 서

표2 • 동독과 서독의 주요 경제지표 추이

	1936년		1990년	
	서독	동독	서독	동독
인구 (천 명)	42,208	15,614	63,527	16,111
1인당 소득	989	1,035	19,864	60,64

주: 1인당 소득의 단위는 1936년 RM이고 1990년은 DM임.
자료: Maddison(1995).

독·동독의 경제성과를 비교한 것이다. 1936년을 기준으로 서독의 1인당 소득은 989 RM$_{reichmark}$이었으나 동독은 1,035RM으로 동독의 경제 수준이 더 높았다. 하지만 통일이 된 1990년에는 역전되었다. 서독은 1만 9,864DM(독일 마르크)이었으나 동독은 6,064DM으로 격차가 벌어졌다.

대표적 사회주의 국가인 소련과 중국은 1960년대에 이르면 미국·영국과 같은 선진국을 따라잡을 수 있다고 주장했었다. 물론 자본주의 진영의 경제학자도 1980년대에 이르면 소련은 선진국 수준이 될 것이라 주장했다. 노벨 경제학상을 받은 폴 사무엘슨은 소련이 미국을 추월할 것으로 예상했다. 그가 예상한 추월 연도는《경제학 원론》의 1961년 판에서는 1997년, 1980년 판에서는 2012년이었다(Shlaes, 2007).

자본주의 진영에서도 사회주의적 정책을 폈었다. 하지만 대부분 실패로 끝났다. 대공황 때 미국 루스벨트 행정부는 집단농장 정책을 시행했다(Shlaes, 2007). 1950~1960년대 영국과 최근 베네수엘라 차베스 대통령도 주요 산업의 국유화 정책을 시행했다. 한국에서도 이러한 사회주의 정책에 열광하던 시기가 있었다. 1970~1980년대 대학생 필독서였던 이영희 교수의 《전환시대의 논리》도 1970년 전후 소련과 중국의 사회주의 국가들을 배경으로 저술된 것이다. 앞서 보았듯 이 시기에 소련은 높은 경제성장률을 달성하고 있었다. 중국에서는 문화혁명이 한창 진행 중이던 시기이기도 했다.

책 내용을 보면 소련 이야기도 많지만, 중국을 매우 긍정적으로 보고 있다. 중국은 대학 교수를 이론만 아는 인텔리intelli로 묘사하고 이들을 사상적으로 개조하기 위하여 가장 천한 노동현장으로 파견하여 노동을 존경하게 했다. 예를 들어, 미생물학자를 농촌으로 보내서 변소를 푸도록 했다. '맨발 의사'라고 하며 의과대학 4~5년 과정을 2년으로 단축하고 농촌, 도시에서 복무하게 했다.

문제는 이 책의 내용에 심취하여 한창 체제논쟁이 벌어졌던 1980년대 초 사회주의 국가의 현실은 이영희 교수가 논평했던

1970년대 초 상황과는 판이하다는 것이다. 앞서 보았듯이 소련의 경제성장률은 1970년대부터 하락했고, 미국과의 격차는 더 벌어지게 되었다. 중국은 대약진 운동과 문화혁명 시기를 거치면서 경제와 문화 수준이 더욱 후퇴됐다. 대약진 운동 기간, 공업생산 증대 정책을 펴면서 농업이 피폐하여 수천만 명의 아사자가 나타났는데 이에 대한 논평은 없었다. 문화혁명 기간에는 수백만 명의 공산당원이 숙청되었고, 부정부패가 만연했던 것으로 드러났다. 국영기업 독점화와 중앙집권에 의한 의사결정은 부정부패의 주원인이 되었다. 1980년대 이러한 결과를 알고 있었다면 당시 《전환시대의 논리》를 본 사람들은 어떤 생각을 했었을까?

영국병은 자본주의 장점을 부정해서 발생했다

대공황과 제2차 세계대전을 겪으면서 사회불안과 노동자의 불안정성을 경험한 국가들은 평등주의를 추구하고 복지국가를 위한 정책을 확대하는 경향이 있었다. 영국도 예외가 아니었다. 산업혁명의 발원지면서 세계 경제성장을 주도하던 영국도 자본주의 근본정신을 부정하는 국유화, 과도한 세금부담·사회복지지출로 영국병British disease이라고 불리는 경기침체를 경험했다. 그 결과 1976년 IMF 구제금융을 받았다. 당시 영국의 주요 정책은 다음과 같다(Gardner, 1998; Kennet, 2004).

먼저, 주요 기업의 국유화 정책이다. 우체국과 BBC는 산업혁명기 이후 현재까지도 국유화 상태다. 금융 분야의 영국은행(1946)과 국가보건서비스(1948)도 국유화되었고, 지금까지 유지되고 있다. 브리티시 텔레콤, 유·무선회사(Cable and Wireless), 수송 부문은 1980년대 초중반 모두 민영화되었다. 에너지 부문에서는 영국가스(1949), 영국석탄 회사(1947) 등 국유화되었던 7개 회사도 1980년대 이후 모두 민영화되었다. 그중 BNFLBritish Nuclear Fuels은 여전히 국유화 상태다. 자동차 기업인 롤스로이스(1971)와 재규어(1975) 등 9개 기업도 지금은 대부분 민영화되었다.

다음으로, 높은 세율과 보편적 사회보장제도를 원인으로 꼽는다. 세금과 사회보장제도 때문에 노동자 의욕이 꺾여 생산성이 낮아진 것이다. 친노동정책에 의한 노동조합의 힘이 매우 컸다. 특히 1975년 영국 석탄산업 노조의 임금인상과 파업은 다른 공공부문으로 파급되기도 하였다. 그리고 '요람에서 무덤까지from the cradle to the grave'라는 윈스턴 처칠의 복지 철학은 과도한 사회복지지출로 정부에게 복지 부담을 안겨주었다.

〈표 3〉은 주요 선진 5개국의 경제성장률을 비교한 것이다. 제2차 세계대전 이후 선진국들은 케인즈 경제학에 기반을 둔 정

표3 ● 주요국 경제성장률 비교

단위: %

	범위	영국	프랑스	독일	일본	미국
	1870~1913	1.9	1.5	2.8	2.3	3.9
GDP	1913~1950	1.3	1.1	1.3	2.2	2.8
	1950~1973	3	5	5.9	9.3	3.6
	1870~1913	1.2	1.6	1.9	1.9	1.9
노동 시간당 GDP	1913~1950	1.6	1.9	1	1.8	2.4
	1950~1973	3.2	5	5.9	7.6	2.5

자료: Kenent(2004).

부개입으로 매우 빠른 경제성장률을 달성하였다. 표에서 보면
1950~1973년 경제성장률이 1870~1913년과 1913~1973년에
비해 높다. 그러나 1950~1973년만 보면 전쟁 피해국인 독일·일
본에 비해서도 영국의 경제성장률은 매우 낮다. 특히 노동생산성
을 반영하는 노동시간당 GDP 성장률도 보면 영국이 미국 외 다
른 국가에 비해 매우 낮다는 것을 알 수 있다. 이러한 경제성과는
자본주의 시장원리를 무시한 정부의 국유화 정책 때문이라고 할
수 있다. 결국 1979년 이후 대처정부의 민영화 정책으로 다시 영
국경제가 활력을 찾게 되었다.

자본주의 한계를 넘는 법

근본적·현실적으로 한계를 가진 자본주의는 지금과 같은 4차 산업혁명 시기에 어떻게 변할 것인가?

첫째, 누적되는 문제를 해소하지 못한다면 자본주의 체제는 끝날 것이라는 의견이 있다. 대표적인 문제가 양극화 심화다. 국가·계층 간 소득분배가 악화되는 것이다. 경쟁이 심화되면서 소수 기업이 이끄는 독과점체제가 형성될 수도 있다. 이 문제는 정부의 보완 역할로 해소해왔으나 4차 산업혁명 시대에는 새로운 과제가 될 것이다.

여기서 사회주의로 전환하자는 주장을 보자. 자본주의에 대한 지적은 옳다. 하지만 사회주의가 대안은 되지 못한다. 앞서 보았듯 자본주의가 성숙함에 따라 자연스럽게 사회주의로 전환된 것은 아니었다. 사회주의는 자본주의가 발달하지 못한 개발도상국에서 일어난 것이다. 대부분 무력에 의해 강제로 진행됐다. 더 중요한 것은 사회주의 체제로 전환한 국가들이 경제성장 측면에서 성공하지 못했다는 점이다. 1980년대 소련, 중국 등의 붕괴는 사회주의가 자본주의의 대안은 아님을 보여주었다.

둘째, 4차 산업혁명은 자본주의 자체를 새롭게 보게 할 것이라는 의견이다. 자본주의 핵심인 사적재산권이 4차 산업혁명의 중요 지점인 공유경제와 대립하는 개념이기 때문이다. 시장경제에서는 사유재산권을 인정한다. 그리고 개인의 효용과 이윤을 극대화하는 행동으로 인해 사회적으로도 바람직한 결과가 나온다는 것이 기본 원리다. 그러나 공유경제가 발달하면 사적재산권 인정이라는 근본적인 원리가 작동되기 어렵다. 이런 경우 과연 전통 자본주의 정신이 지속될 수 있는지 아니면 변화된 원리를 자본주의가 성공적으로 흡수해나갈지 주목할 필요가 있다.

결과적으로 다음의 물음이 생긴다. 자본주의는 사라질 것인가? 그럼에도 대안은 다시 사회주의일까? 변화하면서 지속될 것인가? 많은 주장이 있지만, 자본주의는 그 모습이 변화하면서 지속될 것이라는 의견이 많다. 시장과 정부라는 이분법적 논리 속에서 한쪽 편에 속하는 게 아니라 오히려 중재 역할을 하게 될 것이다. 독자적인 목소리를 낼 수 있는 제3의 형태다. 이는 넓게 보면 시민사회civil society(봉건사회 대립개념으로 자유, 평등, 독립이 보장된 사회)라고 할 수 있다. 시민사회를 매개로 시장과 정부가 조화롭게 제 역할을 할 수 있는 체제로 거듭나리라 예상한다.

이는 다시 자유주의에 따라 개인의 자유는 보장되어야 하지만, 인간이 지내고 있는 공동체를 벗어날 수 없다는 현실적인 문제와 연결된다. 즉, 개인은 시간적·공간적으로 세 가지 공동체(역사공동체, 사회공동체, 자연공동체)의 일원이다. 따라서 개인의 자유가 자유 만능주의, 자유절대주의, 자유원리주의까지 허용하는 것은 아니다. 공동체 안에서 절제된 자유주의여야 한다. 이를 공동체 자유주의communitarian liberalism라고 부른다(박세일, 2011). 혹은 미래기획위원회가 제시한 통합형 자유주의도 맥락을 같이 한다. 중요한 것은 '개인의 자유에 공동체적 절제를 누가 어떤 범위까지 결정할 것인가'다. 이에 따라서 자본주의 형태가 다르게 나타날 것이다. 이는 정부가 맡는 것이 아니라 시민사회 등 제3의 단체가 맡을 수도 있다.

선진국 문턱에 진입하고 있는 우리나라 자본주의도 변화가 필요하다. 우리는 정부 영향력이 큰 국가주도형 자본주의로 경제성장을 달성한 국가다. 하지만 점차 시장 역할을 존중하는 서구식 자본주의로 전환되어야 한다. 현재 우리나라 민간부문은 정부보다 경쟁력이 더 높다. 정부 지원 없이도 자력으로 투자하고 경쟁력을 키울 수 있다. 그러나 우리나라는 아직도 정부가 시장보다 우월하다는 논리가 앞서고 있다. 변화를 위해서는 관료의 타성, 정치인들의 쪽지 예산과 상호 밀어주기, 예산 낭비 등 정부 실패가 아직도 만연하고 있는 현실을 명확히 봐야 할 것이다.

그렇다고 미국형 시장자본주의 체제로의 변화는 어렵다고 본다.

국민 정서상 우리는 공동체 의식이 매우 강하다. 국가 위기에 직면할 때마다 민간 응집력은 어느 국가보다도 강했다. 금융위기 때 금모으기, 코로나19 사태에서 사재기가 없는 모습이 그것이다.

한국 자본주의의 미래는 북유럽형 모습일 수도 있다. 사회주의는 아니다. 자본주의 종말을 주장했던 월러스틴이나 콜린스도

🔍 Zoom In **사회민주주의 '타협', 민주사회주의 '투쟁'**

사회민주주의

기존 자본주의를 유지하며, 노동자 친화적·점진적으로 개혁해나가 노동자들도 살기 좋은 국가를 만든다. 사회민주주의는 베른슈타인이 주장한 사상으로 사회주의보다 민주주의를 더 강조한다. 자본주의를 뒤엎자고는 주장하지 않는다. 사회민주주의의 핵심은 세계를 어떻게 뒤엎냐가 아니라 어떻게 개혁할 것이냐. 그래서 자본주의는 두고 점진적으로 노동 친화정책, 즉 자본주의 계급과의 타협을 통해서 노동자도 살만한 국가를 만들자는 것이 사회민주주의의 기본 뼈대다. 국가가 주도하는 경제 체제보다는 서로 협의하면서 경제를 이끌며, 특히 노동조합과 기업 간 타협을 주장한다.

민주사회주의

자본주의를 뒤엎고 사회주의 경제 체제를 도입하는 대신 민주주의적 정치 체제는 유지한다. 민주주의보다 사회주의를 더 강조한다. 이름처럼 민주사회주의는 자유시장 경제 자체를 부정한다. 크게 몇 가지 분파가 존재하는데 이에 따라서 자본주의에 대한 입장이 바뀐다. 예를 들어 사민주의적 민주사회주의(샌더스, 아몽 등)자들은 자본주의를 점진적으로 뒤엎자고 주장하고 공산주의적 민주사회주의자(북유럽에 많이 분포)들은 혁명적으로 자본주의를 뒤엎고 기업에게 세금을 부과하자고 한다.
정리하면 사회민주주의의 핵심은 '타협'이고 민주사회주의의 핵심은 '투쟁'이라고 볼 수 있겠다.

이미 자본주의 대안이 사회주의는 아니라고 주장했다. 로렌스 리드의 주장처럼 북유럽 모델은 시장경제를 기본으로 하는 사회민주주의social democracy다. 미국의 대통령 후보로 나와 사회주의 논쟁을 일으킨 버니 샌더스가 주장한 사회주의 체제인 민주사회주의democratic socialism와 다르다.

새로운 자본주의 질서를 찾아서

산업혁명시기 자유시장경제의 비판으로 사회주의가 등장했지만 결국 자본주의의 대안은 아니라는 결론에 이르렀다. 그렇게 자본주의는 끊임없이 변화하고 있지만, 아직 적절한 대안은 나타나지 않았다. 자본주의 변화의 핵심은 '과거 자유시장경제 체제의 시장에 대한 강력한 의존에서 탈피하여 정부의 시장개입 정도를 얼마나 허용하는가'에 있다. 이에 따라 국가마다 다양한 형태의 체제를 유지하고 있다.

다른 챕터에서 자세히 다루겠지만 정부에 대한 의존도가 가장 낮은 미국의 시장형 자본주의 체제나 정부 의존도가 높은 자본주의 체제도 있다. 그 외에 기업의 역할을 단순히 주주 이익 중심에서 더 나아가 기업의 사회적 책임까지 고려하는 이해관계자 자본주의도 있다. 기업은 이윤추구만 목적에 둘 것이 아니라 노동자,

지역 관계자 등 기업과 관련된 관계자의 입장도 함께 고려해야 한다는 것이다.

자본주의 위기와 이에 대한 대응을 논의한 2012년 다보스 포럼의 논의결과를 보면 자본주의 체제가 나아가야 할 새로운 모델에 대해 잘 알 수 있다. 자본주의의 위기를 극복해 나가야 할 주요 대안은 인재를 도입하고, 창의적 기업혁신으로 경제성장·고용창출에 기여하고, 당사자 간의 이해관계를 반영하는 지속가능발전 방안을 마련해야 한다는 내용이다.

경제 이념과 모순된 행동들

자본주의 체제의 문제점은 일명 캐비어 좌파, 헐리우드 좌파를 양산했다는 것이다. 우리나라에서는 강남 좌파라고 부른다. 이들은 부모로부터 재산을 물려받아 부유하다. 하지만 좌파처럼 행동하며, 시장만으로는 공정한 소득분배를 보장할 수 없다고 이야기한다. 따라서 분배를 우선시하고 시장에서도 저소득층 문제를 해결해야 한다고 주장한다. 물질중심적이라며 자본주의 체제가 발달한 미국이나 선진국을 비판하는 사람들도 있다. 이러한 주장은 기득권·소수의 엘리트와 대립하는 일반 대중의 지지를 받는다.

하지만 그들의 행동은 정반대다. 어떤 교수는 연구년에 사회주의 국가가 아닌 미국으로 가고 싶어 한다. 반미운동을 심하게 하면서 자식은 미국으로 유학 보내는 사람도 있다. 진보주의자라고 자처하는 사람이 평소 시장기능에 반대하지만, 시장경제의 가장 첨단인 금융시장을 이용하여 이득을 얻는 경우도 여기에 해당한다.

자유시장경제를 맹신하는 보수정당도 마찬가지다. 이는 산업혁명시대 자유방임주의의 굴레에서 아직도 벗어나고 있지 못하고 있다는 것을 의미한다. 아이러니한 점은 선거 시즌이 되면 시장·경쟁보다는 복지·분배정책의 공약이 주류를 이룬다는 것이다. 보수정당은 평소 규제완화, 시장경제, 자유주의, 경쟁 등을 주장한다. 그러나 선거 시즌에는 정부의 강력한 역할을 주문하는 경제민주화를 내건다. 이런 주장과 내용이 대중적으로 인기 있기 때문이다. 근시안적 시각이다. 이들은 '시장 vs 복지'라는 양자택일 논리보다 시장경제를 보완하고 지속가능한 복지국가 완성에 힘써야 할 것이다.

진보진영의 분배 우선, 기업규제·토지공개념 관련 정책이 대중적 지지를 더 많이 받을 수 있다는 것은 사실이다. 경쟁·시장 개념은 경쟁력 있는 사람들에게만 유리한 것인데, 이들은 소수이기 때문이다. 다행스러운 것은 선거 때 공약보다는 분배·사회복지 정책이 강하게 시행되지 않는다는 점이다. 아르헨티나, 베네수엘라처럼 산업이나 기업을 국유화하는 극단적인 정책은 시행하지 않는다는 것이다. 오히려 혁신·경쟁을 통한 경제성장을 강조하기도 한다. 예를 들어, 강력한 정부규제를 포함하는 경제민주화 관련 정책을 내걸었지만, 막상 선거 후에는 이 정책을 강하게 시행하지 않는다. 민간을 통한 경제성장 기조는 포기하지 않은 것으로 보인다.

단기적으로 인기 있는 정책이라고 해도 기대만큼 성과가 나타나지 않는다면 국민들의 지지를 얻기 어렵다. 1960~1970년대 영국, 미국을 생각해보자. 강력한 정부개입에 따른 정책들이 실패했고, 결국 정권을 잃어버렸다. 구호에 의한 정책은 단기적으로 인기를 얻을 수 있으나 성과가 나타나지 않는다면 권력을 잃고 만다는 역사적 경험을 무시하지 말아야 한다.

CHAPTER 3

코로나19,
탈세계화를 부를 것인가

전 세계를 공포로 물들인 코로나19는 과거의 사스, 메르스와 다르다. 특정 지역이나 국가에 국한하지 않고 전 세계로 확산되고 있다. 이런 감염효과는 자본주의 근본 원리에 두 가지 의문을 던지게 만들었다. 하나는 민간에 대한 정부의 간섭과 통제가 어디까지 허용되어야 하는지, 다음으로는 이것이 세계화에 어떤 영향을 미칠 것인지다. 어느 한 국가의 힘만으로는 재난을 극복하기 쉽지 않다. 전 세계적 공동협력이 필요하다. 과연 코로나19 사태가 끝나고 나면 세계화, 정부 역할, 국제기구 등에 대한 평가는 어떻게 내려질까?

감염병은 항상 치명적이었다

14세기에는 유럽 흑사병 때문에 약 2,500만 명이 사망했다. 당시 중세 유럽 인구의 3분의 1에 해당하는 숫자다. 사망자는 주로 노동자와 농민이었다. 이에 노동력이 부족해지자 봉건 영주들은 위기의식을 느꼈다. 그렇게 농민 임금을 올려주게 되고 농민들의 사회적 지위는 상승하게 됐다. 결국, 이러한 추이는 중세봉건체제의 몰락으로 연결되었다는 것이 많은 학자의 의견이다.

스페인 독감은 1918년 여름 프랑스에 주둔하고 있던 미군 기지에서 발병되었다. 이후 유럽 지역에 확산되기 시작하였고, 미군들이 귀국하면서 미국에도 확산되었다. 스페인 독감은 1920년까지 2년 동안 약 3,000만 명의 사망자를 냈다. 이는 제1차 세계대전 사망자보다 많은 숫자였다.

사스는 2002년 중국에서 발생하여 전 세계로 확산된 감염병이다. 주로 환자의 호흡기 비말에 의해 전파된 것으로 알려져 있다. 메르스는 중동 지역의 아라비아반도를 중심으로 발생하여 확산되었다. 2019년 중국 우한에서 발생한 코로나19는 새로운 유형의 코로나바이러스SARS-CoV-2로, 전 세계로 확산되고 있다. 세계보건

기구는 지난 3월, 팬데믹pandemic(감염병 대확산)을 선언했다. 대공황 이후 최악의 경제적 영향을 미칠 것이라는 전망이 나오고 있다.

코로나19, 경제에 얼마나 피해를 줄까?

감염병이 주는 경제적 피해 정도는 어떨까? 감염병 종류, 치사율, 신규 감염률 및 확산 정도에 따라 다르다. 먼저 주요 감염병의 치사율과 신규 감염률을 보자(〈표 4〉 참조).

가장 심각한 것은 아프리카 지역에 주로 발병하는 것으로 알려진 에볼라다. 치사율이 매우 높아 50%에 이르고, 신규 감염률도 1인 감염자에 대해 1.5~2.5명에 이른다. 그러나 확산 정도는 상대적으로 낮은 것으로 알려졌다. 다음으로 치사율이 높은 감염병은 메르스다. 34.30%에 이르고 신규 감염률은 1인 감염자에 대

표4 • **코로나19 치사율과 감염률 비교**

	치사율 (%)	신규 감염률 (명)	발생 시기 (지역)
에볼라	50	1.5~2.5	1976 (콩고, 수단), 2014~2016 (서아프리카)
메르스	34.3	0.42~0.92	2012 (사우디아라비아)
사스	10	3	2002 (중국)
코로나19	1~3.4	1.5~3.5	2019 (중국)

자료: ADB(2020); Baldwin & Mauro(2020).

해 0.42~0.92명이다. 2019년 발병한 코로나19는 (아직 종결되지 않아 정확한 수치는 아니지만) 치사율과 신규 감염률이 각각 1~3.4%와 1인 감염자에 대한 신규 감염률이 1.5~3.5명으로, 치사율은 다른 감염병보다 낮지만 신규 감염률은 높다.

코로나19는 신규 감염률이 매우 높아 전 세계적으로 심각한 경제적 영향을 미칠 것으로 예상된다. 경제 파급 효과는 다음과 같을 것이다(ADB, 2020; Baldwin & Mauro, 2020).

첫째, 단기적 영향이다. 중국을 비롯한 감염병이 확산되는 국가에서 나타나는 의학적 영향이다. 감염병 확산 방지 대책인 학교 휴업, 공장 운영 금지, 여행 규제 등으로 인해 직접적인 국내총생산 감소 효과가 나타난다.

둘째, 국내소비 위축이다. 여행 규제 때문에 국내 여행업, 항공업, 도소매 판매 축소 등 현상이 나타나고 있다.

셋째, 모든 분야에서 파급효과가 나타난다. 무역 및 생산이 영향을 받아 추가적인 수요 축소가 나타난다. 제조업 분야를 보자. 세계의 생산 공장이라고 할 수 있는 중국을 비롯한 동아시아에서의 전염병 충격은 미국 및 유럽국가로 확산되었고, 이는 생산을 감소시켰다. 이는 곧 글로벌 가치사슬이 정상적으로 작동하지 못한다는 것을 의미한다. 이러한 과정이 지속되면 총수요 감소와 기

표5 • **코로나19 시나리오별 경제적 파급효과**

	최적		중간		최악	
	%	금액	%	금액	%	금액
한국	-0.08	-1,347	-0.13	-2,173	-0.31	-5,007
중국	-0.76	-103,056	-1.74	-236,793	-1.74	-236,926
전 세계	-0.09	-76,693	-0.182	-155,948	-0.4	-346,975

주: GDP 대비 퍼센트고, 금액은 백만 달러 기준임

자료: ADB(2020).

업의 투자 여력 감소 현상이 나타나면서 전체 경제 부문에 영향을 미칠 것이다.

아시아개발은행ADB은 코로나19의 경제적 영향을 예상했다. 〈표 5〉는 세 개의 다른 시나리오별 경제적 파급효과를 보여준다. 시나리오별로 보면 전 세계 GDP가 0.09~0.40% 하락할 것으로 예상된다. 한국은 0.08~0.31 하락을 예상한다. 이 예측은 지난 3월을 기준으로 계산한 것이다. 이후 미국을 비롯한 영국 등 유럽국가에도 계속 확산되고 있어서 경제적 영향은 ADB가 예상한 것보다 훨씬 클 것으로 예상된다.

대부분 국제기구는 기존의 경제성장률 전망치를 하향해서 발표하고 있고 한국도 그렇다. 크리스탈리나 게오르기에바 국제통화기금IMF 총재는 '이번 경제위기는 대공황 이후 가장 심각한 영

표6 ● **IMF의 2020년 경제성장률 전망치 변화**

단위: %

구분	2020년 4월	격차	국가	2020년 4월	격차
전 세계	-3	-6.3	영국	-6.5	-7.9
선진국	-6.1	-7.7	일본	-5.2	-5.9
개발도상국	-1	-5.4	한국	-1.2	-4.2
유로존	-7	-8.8	중국	1.2	-4.8
미국	-5.9	-7.9	인도	1.9	-3.9

주: 격차는 2020년 1월 전망치와의 차이임.
자료: IMF(2020).

향을 미칠 것'이라 이야기했다. 또한 기존 발표를 종합한 결과, 38개 분석기관 중에서 5개 기관이 역성장을 전망했다(매일경제, 2020.04.05.). 한국 경제성장률 전망은 더욱 참혹하다. 일본 노무라 증권은 최악의 경우 – 12.2%가 될 수도 있다고 전망했다. 한국경제연구원은 – 2.3%로 보았다.

〈표 6〉은 2020년 4월 발표한 IMF의 '세계 및 주요 국가의 경제 성장률 전망치'와 1월 전망치를 비교한 것이다. 이를 통하여 코로나19의 경제적 영향을 추론해볼 수 있다. IMF의 경제성장률 전망 치는 – 3.0%로 지난 1월 전망치보다 6.3%포인트 내려갔다. 이 전 망치는 글로벌 금융위기인 2009년(-0.1%)과 1980년 3차 오일쇼 크에 의한 전망치(2.1%)보다 낮다. IMF가 세계 경제성장률 전망

치를 발표하기 시작한 1980년 이후 최저 수치다. 지역별로 보면 선진국이 –6.1%로 지난 1월보다 7.7%포인트 하락할 것으로 전망되고 있다. 개발도상국도 –1.0%로 전망되어 지난 1월보다 5.4%포인트 하락했다. 유로존 국가는 지난 1월에 비해 8.8%포인트 하락한 –7.0%로 전망됐다. 한국도 예외는 아니어서 지난 1월에 비해 4.2%포인트 하락한 –1.2%였다. 그 외에 미국(–5.9%), 영국(–6.5%) 등도 예상외로 저조한 경제성과를 거둘 것으로 보고 있다. 다만 중국, 인도는 그동안의 고도성장에 힘입어 각각 1.2%, 1.9%로 성장률이 전망됐으나 그동안의 경험에 비교하면 대폭 하락한 숫자다.

코로나19의 경제적 영향은 더 심각해지는 것으로 보인다. 5월에 발표되고 있는 경제성장 전망치가 이전에 비해 더욱 악화되고 있기 때문이다. 이미 –3.0% 세계경제 성장률을 전망한 IMF는 추가로 전망치를 낮출 것으로 보고 있다. 한국경제 성장률 전망은 KDI(0.2%), 한국금융연구원(–0.5%), 한국은행(–0.2%) 등 역성장을 전망하는 기관이 점점 많아지고 있다.

코로나19와 정부 리더십

코로나19 사태 초기에 정부는 미숙하고 이념적인 대응을 보였다. 반면 민간은 달랐다. 그들의 발 빠른 대응으로 더 큰 확산을 막았다고 할 수 있다. 정부와 민간의 대응법을 살펴보자.

정부의 대응은 컨트롤타워의 심각한 문제점을 노출했다. 과거 사스나 메르스의 경험을 살렸다고 보기 어렵다. 마스크 문제를 예를 들어보자. 의사 협회에서는 초기에 모든 국민이 마스크를 써야 한다고 주장했다. 이는 의학적으로는 옳은 이야기지만 경제학적으로 수요·공급 차원에서는 현실성이 없었다. 마스크는 일회용인데 국민 수요에 비하면 공급이 턱없이 부족하기 때문이다. 이런 경우 의학전문가, 경제전문가 등이 모두 모여 현실적으로 가능한 최고의 방법을 찾고, 이를 정부가 발표해야 했다. 즉, 정부가 컨트롤타워 역할을 하고 국민의 신뢰를 받아야 하는 것이다. 감염병 확산 초기, 대만과 다르게 중국과의 교류를 제대로 통제하지 않았다. 중국과의 정치적 관계 때문에 그랬다는 비판이 나왔으며, 여기서 정부의 부적절한 판단이었다는 것을 알 수 있다.

특히 심각한 것은 정부 당국의 대응과정과 적절치 못한 발언이었다. 이는 정부 신뢰를 더욱 하락시켰다. 〈표 7〉에서 볼 수 있듯 코로나19가 확산되는 시기 싱가포르 총리와 문재인 대통령의

표7 • 코로나19에 대한 정부 당국자의 발언

	일자	발언 내용
싱가포르	2020.2.8.	**리센룽 총리:** 지금까지 대부분의 중국 유입환자는 추적 가능했지만, 지난 며칠간 감염원을 알 수 없는 사례가 발생했다. 확산을 막기가 더는 어렵다. 경증환자는 자가격리하고 의료기관은 취약 환자에 집중하겠다. 손을 자주 씻고 하루 두 번 체온을 재라.
한국	2020.2.13.	**문재인 대통령:** 방역 당국이 끝까지 긴장을 놓지 않고 최선을 다하고 있기 때문에 코로나19는 머지않아 종결될 것이다. (강민석 대변인: 일상으로 돌아가도 된다는 판단에서 한 말이다.)

자료: 중앙일보(2020.2.14.; 2020.2.26.).

발언은 상반된 기조였다. 지도자 발언에 따라서 정부는 위기 대응에 관해 국민 신뢰를 받기도 하고 불신을 키우기도 한다. 싱가포르는 상황에 대한 솔직 발언으로 국민과의 공감대를 형성했다.

반면 한국은 먼저 낙관적인 기대를 밝혔다. 이에 대통령 발언 이후 모임들이 다시 시작되었고 이것이 새로운 확산의 여지를 남겼다. 특히 정치권에서의 국경봉쇄 판단이 전문가 의견이 아닌 정치적·정무적 판단으로 결정했다는 비판을 받았다. 대만은 중국과의 교류가 훨씬 많은 국가임에도 방역이 매우 성공적이었다. 물론 지도자가 감염병 전문가라 가능했을 수도 있겠다.

영국 BBC나 미국 〈월스트리트저널〉 등을 비롯한 국제사회는 한국의 성공적인 방역을 칭찬했다. K-방역의 성공인 것이다. 정부도 많은 역할을 했지만, 오히려 민간의 강력한 지원과 희생이 큰 역할을 했다. 다른 국가와 다르게 국경봉쇄를 하지 않으면서도 방역 대응을 잘해낸 것이다.

외교부에 의하면(3월 26일 기준) 180개국(입국금지는 140개국)이 한국인 입국금지 혹은 심사를 강화했다. 반면 한국은 일본인에 대해서만 입국 제한 조치를 해서 상호주의에 어긋난다는 비판을 받았다. 이는 정부의 초기 대응 문제에서 출발한다. 초기 중국인에 대한 입국금지 혹은 심사강화를 거의 하지 않았기 때문에 다른 국가에게도 같은 조치를 할 수밖에 없었다. 따라서 일본에 대해서만 상호주의로 입국을 금지하여 이념적 접근을 했다는 비판을 받았다.

〈워싱턴 포스트〉는 한국은 중국과 같이 가장 심각한 영향을 받은 국가였지만 국민에게 일관되고 투명한 정보 제공과 적극적인 대응으로 대확산 과정에서 다른 국가의 본보기가 되었다고 보도했다. 문제는 정부의 개방적인 대응 정책으로 인해 국내 민간 의료진들이 대응과정에서 큰 희생을 했다는 점이다. 한 예로 외국인들이 치료를 위해 일부러 한국에 입국한다는 이야기가 있었다. 이에 감염학회 이사장은 의료진 과부하 문제를 들어 외국인 입국금지를 건의했다(조선일보, 2020.3.26.). 실제로 정부는 외국인 입국 금지 없이 검사와 치료비용 모두를 부담했었다. 이에 대한 국민적 비판이 일어나자 자가격리비용은 자부담으로 돌렸다.

다음으로 한국 대응 능력의 우수성을 보여줄 수 있었던 것은 세계 최고 수준의 정보통신 산업 덕분이다(The Conversation, 2020.3.4.). 이미 많이 알려진 대규모 바이러스 테스트 프로그램과 비교해봐도, 한국의 추적체계는 훌륭했다. 예를 들어 CCTV, 신용카드 추적체계, 광범위한 핸드폰 사용 등이다. 감염자의 움직임을 정확하게 추적할 수 있었고, 적절하게 대응할 수 있었다.

정부 역할은 보편적이 아닌 선택적이어야 한다

상호 긴밀하게 연결된 전 세계는 감염병 확산으로 경제 동반 침체라는 충격을 받고 있다. 많은 국가가 재난극복을 위해 현금지원정책을 시행하고 있다. 한국도 국민 전체를 대상으로 재난기본소득이라는 현금지원정책을 폈다. 재난 시기가 아니더라도 경기침체에 직면했을 때 많은 국가는 선택적 혹은 보편적 현금지급정책을 폈었다. 그러나 의도한 만큼의 경제적 성과를 거두지 못했다는 의견이 많다.

현금지급형 재난정책의 경제적 효과가 기대만큼 크지 않은 이유는 다음과 같다. 첫째, 저소득층이 보유하고 있는 가계부채를 무시하고 있기 때문이다. 정부 지원금을 주는 이유는 저소득층 지출이 늘어날 것이라고 보기 때문이다. 하지만 현금보조금이나 소비쿠폰 형태로 가계에 지급되는 지원은 바로 소비로 지출되지 않고 상당 부분이 부채상환이나 저축으로 쓰이게 될 수 있다. 따라서 저소득층 부채가 많다고 볼 때 이들에게 지급된 정부 지원액이 소비지출로 전환될 가능성이 낮다. 특히 재난기본소득처럼 일회성 소득지원은 소비에 더욱 도움이 되지 않는다.

실제 사례로, 호주 콜머브런튼의 여론 조사결과를 보자. 정부 지원금으로 경제적으로나 가계 형편에 도움이 되었다고 답변한 사람은 조사대상자의 13%에 불과했다. 여론 조사업체 측에서는 대부분 소비자가 정부 지원금을 부채나 부동산담보대출 상환에 사용했다고 이야기했다(매일경제, 2009.3.20.).

둘째, 현금 지급의 경우, 보통 그 재원은 다른 용도로 쓰려 했던 자금을 동원하거나 채권발행 등을 통해 차입한다. 채권발행을 통한 재원조달은 적자재정을 의미하는 것이다. 이는 미래 세대에게 상환 부담을 안겨준다. 따라서 충분한 재원이 확보되지 않는 상태에서 이 정책을 시행한다면 지속적인 상환 부담으로 또 다른 경제적 부담이 나타날 수 있다.

셋째, 현금 대신 지역화폐나 쿠폰을 지급해 사용 가능 지역을 한정하더라도 기대했던 효과가 나타나지 않을 것이다. 받은 지원금·쿠폰으로 물건을 구입하고 해당 금액만큼의 현금으로 다른 지역의 물건을 구입하거나 저축한다면, 결국 쿠폰 발행 지역에서의 총수요는 변화가 없기 때문이다. 이를 경제학에서 구축효과 crowding-out effect라고 한다. 특히 중산층 소비에서 이러한 현상이 나타날 가능성이 크다. 경제전망이 부정적일수록 원래 쓸 돈을 아끼고 대신 정부 지원금을 사용하려는 소비 성향이 높기 때문이다.

넷째, 재난 시 어려움에 처하는 계층은 소비자가 아니라 생산자, 특히 영세사업자들이기 때문이다. 만약 소비자에게 현금이 지급되는 경우 소비 상품은 특정 생산자나 제품에 집중될 수 있다. 예를 들어, 소비자는 모든 식당에 가지 않고 장사가 잘 되는 식당으로 몰릴 수 있다. 즉, 재난 피해 규모에 비례해 지원이 가지 않

🔎 Zoom In **구축효과란?**

정부 재정지출 확대가 이자율 상승을 가져와 궁극적으로 민간 소비나 투자를 감소시킨다는 경제학 이론이다. 즉 '정부지출 확대 ▶ 국공채 발행 증가 ▶ 이자율 상승 ▶ 회사채 발행 비용 증가 ▶ 민간투자 감소'로 이어진다.

게 된다. 이는 더 큰 양극화를 불러올 수 있다. 극단적으로 보면 지역화폐를 발행하는 지역사업자들의 배만 불릴 수 있다.

코로나19에 따른 경기침체는 소비 수준이 미흡해 일어난 현상이 아니다. 소비 여력은 있으나 감염병 악화를 우려한 국가들이 국내 움직임을 억제하고 국경을 봉쇄하면서 일어난 것이다. 따라서 소비확대 정책은 당장에 실효성이 적을 수밖에 없다. 고려해야 할 것은 소비가 급속도로 하락하면서 생산자들이 극심한 어려움에 직면하고 있다는 점이다. 따라서 생산자가 소비위축 기간에 생존할 수 있게 만드는 대응이 필요하다. 단기적으로는 영세사업자, 여행·항공업계 등 타격 입은 생산자들을 위한 국가적 지원이 우선시되어야 한다. 그리고 보편적 소득지원보다는 상황이 급격히 어려워진 영세사업자, 실직자 등에게 더 많은 소득이 돌아갈 수 있도록 해야 한다. 이 같은 선택적·집중적인 재정지원이 필요하다.

세계화는 위협당하고 있다

세계화를 경제적으로 해석해보자. 상품과 서비스라는 재화뿐 아니라 노동·자본·기술과 같은 생산요소까지 지역 차원을 넘어서 국가 간 교류가 자유로운 하는 통합된 형태의 경제구조를 의미한다. 이 통합 정도에 따라 국가 개방 정도가 결정된다. '완전 개방'인 극단적 체제를 가진 나라는 지금으로서는 없다.

이러한 개방체제는 산업혁명시기를 거치면서 본격화된 것이다. 당시 기술혁신을 통한 운송수단(증기기관차, 증기선 등) 발달은 지역 간 교류를 활발히 하는 데 결정적인 역할을 하였다. 현대의 인터넷을 비롯한 정보통신산업의 발달은 국가 간 교류에 지장이 없을 정도로 만들었고, 세계화 정도도 급격히 확대되었다.

1980년대 사회주의 국가의 몰락과 남미국가들이 경제적 어려움에 직면하면서 세계화의 경제발전에 대한 역할이 강조되기 시작했다. 당시 이들의 경제성장 잠재력을 증강하기 위한 대표적인 정책이 워싱턴 컨센서스Washington Consensus다. 이는 시장개방을 비롯한 민영화와 가격자유화를 포함하는 시장자유화 정책을 권고한 것이다. 선진국도 마찬가지였다. 1960년대 강력한 국유화 정책을 폈던 영국도 예외가 아니었다. 1979년 71대 총리가 된 마가렛 대처는 미국 레이건 대통령과 함께 자유시장경제 정책을 강력하게 추진한 대표적인 정치가다. 1970년대 IMF 지원을 받을 정도로 영국 경제는 붕괴된 상태였다. 총리로 취임한 대처는 복지 지원 삭감과 긴축재정 정책을 시행하고 석탄산업 등 비효율적이라고 판단한 산업에 대한 구조조정 정책을 폈다. 당시 강력한 힘을 갖고 있던 탄광노조와 대립한 정책으로 그녀에게 철의 여인the Iron

Lady이라는 별명이 붙었다. 미국 40대 대통령인 로널드 레이건도 재정지출 축소와 감세 정책을 폈다. 특히 정부에서 항공요금을 정하는 가격통제 체제를 철폐하여 항공산업을 경쟁체제로 전환하였다.

이 같은 정책들로 전 세계의 절대적인 부는 확대되었지만, 경제발전 격차는 줄어들지 않았다. 이후 세계화에 따른 문제점이 본격적으로 대두되기 시작했다. 대표적으로 환경문제와 코로나19와 같이 감염병의 광범위한 확산 현상이 있다. 이 문제는 국제적 공조로 해결되어야 한다. 하지만 상대적으로 비용을 덜 지불하고자 하는 자국 이기주의가 팽배해지기 시작하였다. 특히 2008년 미국

🔍 Zoom In **논란의 워싱턴 컨센서스**

워싱턴 컨센서스는 존 윌리엄슨(J. Williamson)이 1980년대 IMF, 세계은행(WB) 등 워싱턴DC에 본부를 둔 국제기구와 미 재무부가 당시 경제적 어려움에 직면하고 있던 남미국가들에게 제시한 정책을 10개항으로 정리한 것이다. 시장개방, 가격자유화, 규제완화, 민영화 등이 대표적인 정책이다. 남미국가만 아니라 자본주의 체제로 전환하는 사회주의 국가들의 경제정책 방향을 잡아주었다. 워싱턴 컨센서스는 선진국들이 자신들은 지키지 않고, 개도국에만 강요해 논란이 되기도 했다. 또한 신자유주의적 정책이라는 비판을 받기도 했다. 그럼에도 주요국 경기에 활기를 불어넣은 측면이 있고, 한국도 그 우산 아래서 상당한 이익을 얻었다.

을 시작으로 확산된 금융위기의 원인으로 자유시장경제 체제가 지적됐다. 이에 자본주의 체제가 과연 현재 상태로 유지되는 것이 좋은가에 대한 치열한 논쟁이 벌어지고 있다.

1991년 소련이 붕괴하면서 미국이 독주할 것 같았던 세계 경제 구도에서 중국이 급성장하면서 미국과 중국이라는 두 거대 국가의 경제전쟁이 시작되었다. 세계 경제 규모 1, 2위를 차지하는 미국과 중국은 세계시장 주도권을 가지고 치열한 경쟁을 하고 있다. 그러나 중국의 미국에 대한 수출은 미국의 중국에 대한 수출보다 3배 이상 많다. 아직은 중국 관점에서 미국과 직접적인 무역전쟁에서 우위를 점할 수는 없을 것이다.

코로나19 이후 자본주의의 변화 방향은?

코로나19 확산은 경제뿐만 아니라 사회·문화·정치 전 부문에 영향을 미칠 것으로 보인다. 이러한 추세가 자본주의 체제에 앞으로 어떠한 영향을 미치게 될까?

첫째, 자본주의 체제에 대한 근본적 의문은 더욱 강하게 제기될 것이다. 1980년대 이후 전 세계적인 경제성장에도 불구하고 양극화와 소득분배는 오히려 악화되었다. 세계화에 비판적인 사람들은 양극화·소득분배가 악화된 것이 신자유주의적 정책 때문이라고 비판했다. 더 심각한 건 코로나19로 경제성장률도 하락했다는 것이다. 따라서 신자유주의적 정책이라는 비판과 함께 자본주의 체제에 대한 근본적인 비판의 목소리는 더욱 강해질 것이다.

둘째, 자국 중심의 탈세계화로 전환된다는 전망이 있다. 자본주의 체제는 '무한 개방을 통한 경제성과의 확대'라는 기조를 갖고 있다. 하지만 이 무한 개방으로 코로나19가 중국에서부터 전 세계로 빠르게 확산되었다. 과거 사스, 메르스와 다르게 전 세계에 영향을 미치는 이유는 체제개방에 의한 자유로운 교류 때문이라고 비판받고 있다. 또한 최근 격화되고 있는 미중 경제전쟁은 자국 우선주의·보호무역주의가 확대될 것이라는 우려를 키우고 있다. 세계경제의 발전을 주도했던 세계화에 대한 근본적인 물음이 던져진 것이다. 지금까지 자본주의 체제 기조에서 탈피하여 탈세계화로 갈 것이라는 주장이다.

셋째, 자본주의의 세계화 방향은 거스를 수는 없다는 주장도 있다. 각국은 코로나 사태로 개방화에 따라 기대수준이 넘는 피해를 본 것은 사실이다. 그러나 이러한 확산에도 불구하고 과거 흑사병이나 스페인 독감에 비하면 경제적으로나 다양한 부문에서 상대적으로 피해가 적다고 볼 수 있다. 흑사병으로 봉건영주시대가 저물었고, 스페인 독감으로 제1차 세계대전이 조기 종전이 되었다는 주장이 있을 정도로 과거 전염병의 파급효과는 상상 이상이었다. 그러나 사스, 메르스, 코로나19 등은 다르다.

시장개방과 국제무역을 기반으로 발전한 자본주의 체제에서는 인간·상품 거래가 지역·국가를 넘어 활발하게 이루어질 수밖에 없다. 우리는 세계화로 노동, 자본, 원료를 어느 한 지역이나 기업에서만 생산할 필요가 없게 되었다. 경쟁력 있는 지역에서 생산한 부품을 수입·조립하여 다시 최종품을 생산한다. 이것이 모두에게 이익이 되는 시스템이다. 이러한 글로벌 가치사슬은 모든 국가의 생산활동이 상호 긴밀하게 연결되어있음을 뜻한다.

넷째, '국가적 위기에 직면했을 때 정부는 어느 정도 범위까지 보살필 것이냐'는 정부역할 정도의 논의가 활발하게 이루어질 것이다. 예를 들어, 앞서 이야기했듯 한국은 정보통신기술을 이용하여 확진자 동선을 완벽하게 파악할 수 있었다. 반면 '사생활은 어디까지 보장되어야 하는가' 같은 문제가 불거질 수 있다. 극단적으로 현대판 공산주의라는 비판을 받을 수 있다. 이와 함께 한국을 비롯한 각국 대응방안의 적절성과 효과성에 대한 논쟁도 일어날 것이다. 입국금지라는 정부 대응과 방역이라는 민간 대응 간의 첨예한 갈등을 해소해야 하기 때문이다.

많은 논의가 나오겠지만, 결과적으로 전염병에 대한 대응이 국가 자본주의를 강화하는 계기가 되어서는 안 된다. 정부의 적절한 역할에 대한 표본은 대만의 대응이라 할 수 있다. 대만은 매우 빠르게 중국 입국을 제한했고, 여행객도 전문가 의견에 따라서 적절히 관리했다. 기민하고 전문적인 대응으로 자국에 확산되는 것을 최소화했고 중국과의 교류가 가장 많은 국가임에도 불구하고 확진자 441명, 사망자 7명(5월 25일 기준)으로 전 세계의 극찬을 받고 있다.

다섯째, 미래산업에 대한 생각을 바꿔놓을 것이다. 4차 산업혁명을 대표하는 미래산업인 원격교육, 원격의료, 재택근무 등을 보자. 코로나 여파로 막상 이를 경험해보니 생각보다 많은 편익이 있었다. 재택근무를 하더라도 회사 경영이나 실적에 부정적 영향을 미치지 않았다. 원격의료를 실질적으로 시행해 보아도 우려할 정도의 심각한 문제가 없었다. 앞으로 기존 기득권층과의 사회적 타협과 부작용을 최소화할 정도의 적절한 규제완화로 미래산업을 능동적으로 받아들여할 것이다. 코로나 이전에 미래산업은 아직은 멀리 있다고 생각했다. 하지만 우리 코앞에 다가왔고, 빠르게 대응해야 할 것이다.

필자는 감염병 확산이나 미중 무역 전쟁이라는 문제에도 불구하고 세계경제가 탈글로벌화 방향으로 가는 것은 맞지 않다고 본다. 세계화를 통한 글로벌 밸류체인의 형성으로 경제성장과 삶의 질 향상이라는 긍정적인 요인을 포기하기 어렵다. 세계화로 인류 삶의 질이 개선되었다는 것은 부정할 수 없기 때문이다. 그럼에도 '세계화 속에서 자본주의 체제가 어떻게 바뀌어 가야 하는가'에 대한 논쟁은 확대될 것이다.

한국은 정부주도로 방역에 성공했다. 그렇다고 정부가 다른 분야까지 지나치게 민간영역을 침해해서는 안 된다. 감염병 확산 방지를 위해 국제적으로는 강력한 정부와 지도자의 역할이 강조될 것이다. 중요한 것은 정부의 구체적인 역할이다. 예를 들어, 앞서 본 대만과 한국의 경우가 있다.

글로벌 어젠다로 논의되고 있는 환경문제처럼 감염병 확산 문제는 국제적 공동대응으로 해결해야 한다. 당장 미세먼지 악화 같은 환경문제는 탈세계화 정책으로 해결될 수 없다. 이는 이익보다 비용이 더욱 클 것이다. 무역 확대에 의한 소득증대, 환경오염 공동대응, 보건분야에서 백신·치료제 개발에 대한 유인 증가 등은 인류의 이익을 더욱 크게 할 가능성이 있다. 따라서 앞으로의 자본주의 체제는 단순히 개방이나 시장만이 강조되는 형태가 아니라 정부와 지도자가 더욱 중요한 역할을 하는 방향으로 변화될 것이다.

CHAPTER 4

자본주의는 끊임없이
변하고 있다

자본주의는 시장과 정부의 역할 분담 정도에 따라 끊임없이 변화해오고 있다. 이것이 사회주의 체제와의 경쟁에서 이긴 비결이기도 하다. 먼저 미국형 시장자본주의에서 체제전환형 자본주의에 이르기까지 다양한 형태가 있다. 최근에는 기업의 역할도 강조되고 있다. 한 예로, 단순히 주주 이익극대화라는 주주자본주의에서 사회적 책임을 강조하는 이해관계자 자본주의로 변화되고 있다. 그리고 국가자본주의, 복지자본주의도 있다. 한국은 지속가능한 발전을 위하여 어떤 자본주의를 선택해야 하는지 갈림길에 직면해있다.

자본주의의 다양한 얼굴들

많은 이들은 대공황을 겪으면서 '시장에만 의존해서는 효율적으로 자원 배분을 할 수 없다'는 결론에 도달했다. 이러한 문제점을 해결하기 위해 케인즈는 자본주의 체제에서 정부 시장개입의 정당성을 주장했다. 반면 러시아, 중국을 비롯한 많은 국가는 시장 역할을 전면 부정하고 정부가 모든 의사결정을 하는 사회주의 체제로 전환했다. 하지만 이후 소련을 비롯한 사회주의 체제의 붕괴로 '사회주의와 자본주의 체제 중 어느 것이 우월한가' 비교하는 일은 큰 의미가 없게 되었다. 오히려 자본주의 체제 내에서 시장과 정부의 역할 분담 정도가 중요한 척도다. 즉, 사회주의인가

🔍 Zoom In **천재 경제학자 케인즈**

케인즈는 시장이 제대로 작동하지 않을 때, 정부가 해결하는 역할을 맡아야 한다고 했다. '경제란 스스로 작동하는 것이 아니라 전문 관료들이 조율하는 정교한 기계와 같다'고 이야기하며 정부가 제때 역할을 해야 자본주의 붕괴를 막을 수 있다고 강조했다. 정부의 적극적 역할을 주문했으며 이를 통해 민간의 부족한 수요를 끌어내는 것이 중요하다고 역설했다.

자본주의인가보다 '어떤 자본주의 체제가 더 우월한가'의 문제로
이전한 것이다.

　자본주의는 다음과 같이 다양한 형태가 있다(Schnitzer, 2000).

　첫째, 개인주의적 자본주의individualistic capitalism와 집단주의적 자
본주의communitarian capitalism다. 개인주의적 자본주의는 존 로크와
애덤 스미스의 사상을 기본으로 한다. 집단보다 개인의 이기심self-
interest에 따른 경제행위가 결국 사회적 후생을 극대화한다는 주장
이다. 미국, 영국을 비롯한 서구의 자본주의가 여기에 속한다. 치
열한 경쟁 속에서 개인의 역할을 강조한다. 이에 소득 격차가 벌
어지고 부유한 기업가가 양산되는 문제점이 나타난다. 반면 집단
주의적 자본주의는 개인보다는 집단에 따른 의사결정을 선호하
는 체제다. 정부는 경제성장뿐만 아니라 사회복지정책과 공공투
자지출에서 중요한 역할을 한다. 유럽, 일본을 포함한 동아시아
국가의 자본주의가 여기에 속한다.

　둘째, 미국형 시장 자본주의U.S. market capitalism, 사회적 시장 자본
주의social market capitalism, 국가주도형 자본주의state-directed capitalism, 그
리고 체제전환형 자본주의transition economy capitalism다. 먼저, 미국형
시장 자본주의를 보자. 정부의 시장개입 정도가 가장 약한 체제로
신자유주의적 경제체제라고 비판을 받기도 한다. 시장의 원리에

따라 수요·공급이 결정되는데 정부 개입은 최소화하여 효율성을 극대화하고자 한다.

사회적 시장 자본주의는 사회적 자본주의social capitalism 혹은 조정된 시장경제coordinated market economy라고도 불린다. 독일, 스웨덴 등 북유럽 국가의 체제가 여기에 해당한다. 가격은 시장의 수요·공급으로 결정되며, 정부 간섭을 최소화하는 것은 미국식 자본주의와 유사하다. 다만, 미국식 자본주의에 비해서 사회복지정책을 더 많이 시행한다. 소득재분배 과정에 정부가 더욱 많이 개입하는 것이다. 그리고 단체 교섭collective bargaining(노동조합의 대표자와 사용자가 노동 조건의 유지·개선 등 사안을 갖고 하는 교섭)으로 노동권을 강화하고 실업 관련 정책도 시행한다.

셋째, 한국, 일본 등 동아시아 국가의 정부주도형 혹은 국가주도형 자본주의 체제다. 정부가 경제개발계획을 주도하며 이 과정에서 민간과 긴밀한 협력으로 경제성장 정책을 시행한다. 산업 정책으로 생산목표·생산방법을 결정한다. 여기서 정부의 역할은 매우 크다.

마지막으로, 체제전환형 자본주의다. 사회주의에서 자본주의로 전환한 국가들이 채택하고 있는 체제다. 크게 구소련형 체제전환국과 중국과 같은 동아시아 체제전환국으로 구분된다. 이들은

그림3 • **자본주의 체제의 분류**

자료: Schnitzer(2000), p.36-39를 저자가 그림으로 나타냄.

체제전환 과정에서 사회주의 체제에 시장기능을 많이 도입했지만, 기존 자본주의 체제 국가보다는 정부의 시장개입 정도가 높은 편이다(강성진, 2018).

〈그림 3〉은 앞서 설명한 네 가지 형태의 자본주의 체제를 시장과 정부의 역할 분담에 따라 분류한 것이다. 오른쪽 끝은 극단적 자본주의 형태로 자유방임주의 체제다. 신자유주의 체제라고도 부른다. 반대로 왼쪽 끝은 시장 역할을 부정하고 정부가 모든 경제활동을 결정하는 극단적 사회주의 체제다. 극단적 자본주의는 독과점 형성, 실업자 양산, 양극화 심화 등 시장의 문제가 나타난다. 반면 극단적 사회주의는 부정부패, 산업 비효율성 등의 문제

가 나타난다. 현실적으로 모든 국가는 시장과 정부의 상대적 역할에 따라 두 가지 경제체제 사이에 위치한다.

각 국가는 현재의 시장·정부 역할 정도에 따라 시장과 정부 중 무엇을 더 강화할 것인지 결정한다. 예를 들어, 체제전환국 입장에서는 정부 시장개입 정도를 줄이고 시장 기능을 강화하는 방향으로 정책을 펼 수 있다. 정부의 부정부패가 심하고 공공부문 비효율성이 높아 경제발전이 저해되기 때문이다.

한국에서도 규제완화를 주장하면, 미국식 자본주의 혹은 신자유주의라고 비판하는 목소리가 있다. 하지만 이는 합리적 비판이 아니다. 한국 입장에서의 규제완화는 미국과 같은 정도의 시장 역할 확대를 의미하는 것이 아니기 때문이다.

최근 등장하는 새로운 자본주의 체제는?

앞서 살펴본 것 외에도 다양한 형태의 자본주의가 등장하고 있다.

첫째, 주주자본주의shareholder capitalism와 이해관계자 자본주의stakeholder capitalism다. 두 체제는 기업의 목적과 역할에 따른 분류다. 주주자본주의는 1976년 노벨 경제학상을 받은 밀턴 프리드먼이 주장한 것이다. 그는 기업의 목표가 이윤극대화에서 더 나아가 주주배당 극대화까지 포함해야 한다고 이야기했다. 다시 말하면 주주에게 이익배당이나 시세차익 이득을 최대한 보장하는 게 기업 경영의 목적이고, 이것이 사회에 대한 책임을 다한다는 것이다. 영미식 자본주의 혹은 미국형 시장 자본주의라고 할 수도 있다.

이해관계자 자본주의는 기업은 사회적 유기체로서 주주이익 이외에 종업원, 소비자, 환경문제까지 고려해야 한다는 것이다. 기업이 단기적 성과에만 집중한다고 비판하며, 제 역할을 충분히 하고 있지 않다는 입장이다.

현재는 많은 기업인이나 학자들이 이해관계자 자본주의 쪽으로 생각을 옮겨가고 있다. 주주자본주의가 가장 발달한 미국에서의 BRTBusiness Round Table 2019년 성명은 변화된 현실을 보여준다. 미국을 대표하는 대기업 CEO 모임인 BRT는 기존 성명서에서 주주자본주의 모델에 따라 주주 이익 극대화를 기업 목적으로 명시했으나, 새 성명서에서는 기업이 모든 이해당사자를 위한 가치를 창출해야 한다고 입장을 바꿨다. BRT는 수정된 성명서에서 '기업의 결정은 더 이상 주주 이익을 극대화하는 데 그쳐서는 안 되며 직원, 고객, 사회 전체 등 모든 이해당사자를 고려해야 한다'고 강조했다. 기업은 주주만이 아니라 소비자, 종업원, 거래납품업체, 지역사회 등 기업의 이해관계자를 모두 고려하도록 기업경영의 목적을 세워야 한다는 것이다.

2020년 1월 세계경제포럼World Economic Forum에서 채택된 다보스 선언도 이러한 시대적 조류를 반영했다. 이해관계자 자본주의의 중요성을 강조한 것이다. 최태원 SK 회장도 최근 기업의 사회적 책임corporate social responsibility을 강조하고 있는데, 세계적 흐름을 반영한 것이다. 해외에서는 마이크로 소프트MS 창업자가 설립한 빌&멀린다 게이츠 재단Bill & Melinda Gates Foundation이 있다. 2000년 시애틀에 본부를 두고 설립된 이 재단은 환경개선, 빈곤퇴치, 질병 예방 등을 지원하는 대표적인 국제 자선단체다.

둘째, 국가 자본주의state capitalism와 복지 자본주의welfare capitalism다. 두 체제는 정부가 시장경제에 강하게 개입한다는 공통점이 있다. 다만 정부의 개입 분야에 차이가 있다. 국가 자본주의는 정부가 국유화를 통해서 직접 기업을 소유한다. 또는 다양한 기업지원 정책 혹은 산업 정책으로 경제에 강한 영향력을 행사한다. 일본, 한국 등 동아시아 국가들이 여기에 해당한다. 복지 자본주의는 정부의 개입 분야가 사회복지라는 점에서 다르다. 사회복지정책을 강하게 시행하는 국가는 북유럽 국가들이다. 다른 말로 사회적 시장 자본주의 혹은 노르딕 모델Nordic model이라고 불린다.

거꾸로 가는 보수주의 진영

한국 보수주의 진영은 정부 경제정책을 '자유시장경제의 기준'에서 맞춰야 한다고 주장한다. 하지만 역설적으로 자신들이 집권한 이후에는 오히려 규제를 강화하는 반시장정책을 시행한다. 보수 정부에서의 규제 건수나 반시장정책이 줄어들지 않은 것을 보면 알 수 있다. 이명박 정부의 '규제 전봇대'나 박근혜 정부의 '손톱 밑 가시' 등이 그 예다. 규제개혁을 핵심 정책과제로 제시했지만, 규제 건수를 보면 다른 정부에 비해 오히려 증가했다. 결국 보수주의자들은 시장경제를 옹호한다고 하면서 오히려 규제를 강

🔍 Zoom In **정말로 규제개혁일까?**

규제 전봇대
이명박 전 대통령은 2008년 대통령직인수위 회의에서 전남 산업단지의 전봇대를 언급했다. 전봇대가 대형트럭 이동에 방해된다고 기업들이 불만을 쏟아내는데도 탁상행정 때문에 그대로라는 것이다. 이 발언 3일 뒤 전봇대가 뽑혀나갔다. 전봇대는 순식간에 'MB식 규제 완화'의 상징이 됐고, 이 전 대통령은 임기 내내 규제개혁을 국정 과제로 내세우며 강한 드라이브를 걸었다.

손톱 밑 가시
'거창한 정책보다 손톱 밑에 박힌 가시를 빼는 게 중요하다'라며 박근혜 전 대통령도 2013년 인수위 첫 회의에서 규제 개혁을 약속했다. 규제를 '범죄' '암덩어리'라고 부르기도 했다.

화하는 역설적인 정책을 시행한 것이다.

집권 4년 차 기준으로 규제 건수를 비교해보자. 이명박 정부 (2011년)에는 1만 4,065건이었지만, 박근혜 정부(2015년)에는 1만 4,688건으로 늘어났다. 반면 김대중 정부(2001년)와 노무현 정부 (2006년)에 각각 7,248건, 8,084건이었다(매일경제, 2018.7.8.). 오히려 규제강화를 주장했던 김대중 정부나 노무현 정부에서 대표적인 친시장 정책이 많이 시행되었다. 외국인투자확대, 경제자유구역설치, 한미 자유무역협정FTA 추진, 파주 LCD 단지 구축, 동북아 금융허브 공약 등이 두 정부에서 시행한 대표적인 시장개방정책이다. 비록 외환위기를 극복하기 위해 펼쳤던 정책이었지만 자신들의 이념적 노선과 대립되는 것이었다.

앞서 설명했듯, 한국은 정부의 이념과 관계없이 정부의 강력한 시장개입으로 경제성장을 달성한 국가다. 박정희 정부에서 중화학공업 발전정책, 김대중 정부의 정보통신산업(ICT) 진흥정책 등 적극적인 정부의 산업진흥정책이 그 예다. 지금 한국에서 시행되고 있는 정부주도 산업정책도 다른 선진국에 비해 정부가 강하게 시장개입을 하고 있다는 증거다. 민간기업이 정치집단이나 공공부문 정책에 민감하게 반응하는 것도 시장에 대한 정부의 강력한 영향력이 있다는 것을 의미한다. 대통령 해외 순방 시 재벌총수들이 동행하는 것을 보아도 알 수 있다. 물론 이들 산업의 발달은 민간기업의 적극적인 협력이 있었기에 가능했던 것이다. 즉, 정부 개입은 있었지만 기업 국유화를 확대한 것은 아니다.

이 같은 사례를 봤을 때, 말로만 '자유시장경제 체제'라고 외치는 것에 집착해서는 안 된다. 자유주의와 시장경제는 매우 중요하다. 시장의 단점을 극복하고 사회적 약자가 최소한 삶의 수준을 유지할 수 있도록 해야 한다. 이를 위하여 적절한 정부의 역할을 고려해야 한다. 미래지향적 경제발전전략을 채택해야 한다. 즉, 시장의 한계를 극복할 수 있는 범위에서 정부의 역할을 고려하는 것이다. 빈곤감소형 성장pro-poor growth, 포용적 성장inclusive growth, 지속가능발전sustainable development이 이러한 전략이다.

빈곤감소형 성장은 경제성장이 이루어지는 동시에 절대빈곤도 감소하는 것을 의미한다. 그 과정에서 소득분배가 개선될 수도, 악화될 수도 있다. 포용적 성장은 좀 더 넓은 의미로 경제성장이 이루어지면서 소득분배 개선, 빈곤감소, 양극화 개선 등 사회적 발전이 같이 이루어지는 것이다. 지속가능발전은 포용적 경제성장에서 더 나아가 경제성장이 친환경적으로 이루어지는 발전을 의미한다. 단순히 경제성장이라고 하면 평균소득을 증대시키기만 하면 되지만 반드시 소득분배가 개선된다거나 빈곤이 완화된다는 보장이 없다.

최근 한국에서 인용되는 '따뜻한 시장경제'도 이러한 맥락이다. '따뜻한'이 바로 시장의 문제점을 보완하는 정부의 모습을 나타내는 것이다. 이는 단순한 경제성장에서 나아가 정부는 시장경제의 문제점을 해소하고 사회복지정책을 시행하여 포용적 성장이 가능하도록 해야 한다는 의미다. 이러한 시각에서 시장과 정부가 상호 윈윈win-win할 수 있는 방향으로 정책을 제시하는 것이다.

CHAPTER 5

소득분배와 경제성장:
적정지점 찾기

　　'분배와 성장 중에 무엇이 더 우선인가' 문제의 답은 '분배를 위해 필요한 재원을 충분히 확보하고 있는가'에 달려있다. 경제성장 정책을 먼저 실시하는 경우 획득한 재원을 가지고 소득 재분배 정책을 펼 수 있다는 장점이 있다. 그러나 재분배 정책이 적절히 시행되지 않는다면 경제적 성과가 기득권자에게 더 많이 돌아가 오히려 소득분배는 악화되고 경제성장이 멈춰버리는 문제점이 있다. 반대로 분배정책을 먼저 실시하는 경우 필요한 재원, 즉 지속적인 경제성장이 담보되지 않으면 포퓰리즘 정책이 되고 만다.

· · ·

소득분배가 경제성장에 영향을 미친다?

성장이 먼저냐 분배가 먼저냐에 대해서는 많은 논쟁이 있지만, 아직 명확한 정답을 내리지 못하고 있다. 여기에는 먼저 '성장과 분배 중 어느 것이 먼저냐'는 인과관계 문제가 있다. 다음으로는 '소득분배 개선이 경제성장에 도움이 되느냐'에 대한 의문이 있다 (강성진, 2018).

소득분배가 경제성장에 영향을 미친다는 논의를 보자. 먼저 소득분배 개선이 경제성장에 도움된다는 주장이다. 경제적 차원뿐만 아니라 사회·정치적 안정이 국내투자를 생산적인 활동으로 유인하게 되고, 이는 곧 경제성장으로 연계된다는 것이다.

먼저 소득분배가 개선되어 경제적 차원에서 저소득층의 소득 수준이 상승하면 금융시장에서 차입이 쉬워진다. 이것으로 본인뿐만 아니라 자식 교육투자를 늘리게 된다. 인적 자원 투자가 늘어나면서 생산역량도 증가하게 된다. 그리고 사회·정치적 안정이 확대되어 구성원 간 사회적 갈등social conflict이 해소되면서 투자 의욕 또한 증가하게 된다. 사회에 대한 불만, 폭동 등은 감소한다. 이는 국내 자원을 비생산적인 활동에서 생산적인 활동으로 흘러

가게 하는 역할을 한다.

소득분배가 균등해질수록 사회적 부정부패가 줄어들 수 있다. 예를 들어, 소득분배가 불균등할수록 기득권층이 소득재분배 정책을 실시하지 못하도록 정치인들에게 압력을 가하거나 매수하는 유인이 강하게 나타날 수 있다. 따라서 사회·정치적으로 안정될수록 국내투자가 생산적 활동으로 더 많이 흘러가게 된다. 이에 국가위험도가 하락하면서 외국인투자도 활발하게 일어나 경제 전체적으로 투자가 증가할 수 있다. 결국, 소득분배 개선은 투자확대로 이어져 경제성장에 도움이 될 수 있다.

반대로 소득분배 악화가 경제성장에 도움이 된다는 주장도 있다. 예를 들어, 케인즈 소비함수에 따르면 고소득층일수록 저축성향이 높다. 소득이 높아질수록 소득에서 소비가 차지하는 비중이 평균적으로 낮아지고, 반대로 저축성향은 높아진다는 이야기다. 소득분배가 악화되면, 고소득층이 많아지고 이에 저축 또한 증가한다. 이는 다시 투자자금 확대로 이어지며 경제성장의 동력이 될 수 있다. 금융시장에서 고소득층일수록 대출담보가 많아서 대출받을 가능성이 크고, 대출이자율도 담보가 없는 사람보다 낮다. 따라서 소득분배가 악화되어 고소득층이 많아질수록 금융시장을 통한 투자 여력이 많아지면서 경제성장 가능성도 커진다.

대부분의 연구에서는 소득분배 상태가 양호할수록 경제성장에 도움이 된다고 보고 있다. 다만 어떠한 전파 과정을 통하여 설명되는지는 아직 명확하게 밝혀지지 않았다.

경제성장이 소득분배에 영향을 미친다?

경제성장이 소득분배 개선에 이바지한다는 주장도 있다. 이는 1971년 노벨 경제학상 수상자인 사이먼 쿠즈네츠가 주장했다. 〈그림 4〉의 쿠즈네츠 곡선Kuznets curve으로 설명된다. '쿠즈네츠 역 U자 가설'이라고도 불린다. 수평축은 경제발전 단계를 보여주는 것인데, 1인당 국민소득으로 정의된다. 수직축은 소득불균형 정도를 나타내는데, 증가할수록 악화된다. 그래프의 가장 왼쪽은 최빈국 상태의 소득분배를 보여준다. 이는 모든 사람이 가난하여 소득 격차가 크게 나타나지 않은 상태다. 한국으로 보자면, 1950~1960년 전쟁 직후 전국이 황폐해진 상태로 모든 국민이 가난했던 시기다.

경제성장 정책이 성공하여 국민소득이 증가하면서부터는 소득분배가 악화되기 시작한다. 초기에는 모든 지역을 동시에 발전시키기 어렵다. 따라서 정부는 경제특구 같은 지역을 선정한다. 그 지역에 한정된 자본을 집중적으로 투자하게 되는데, 이 과정에

그림4 • 경제성장과 소득분배 (쿠즈네츠 곡선)

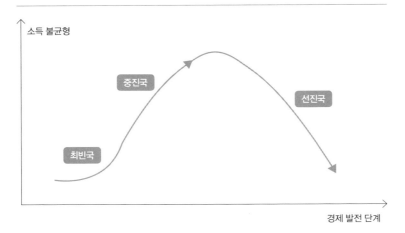

소득 불균형

중진국

선진국

최빈국

경제 발전 단계

자료: 저자 작성.

서 국민소득은 증가하지만 산업·계층·지역 간 소득불균등이 나타날 수 있다. 경제발전이 일정 단계에 이르면 소득분배가 개선되는 순간이 온다. 〈그림 4〉에서 꼭짓점을 지난 이후 단계다. 경제발전의 성과가 산업·지역·계층으로 파급되어 격차가 줄어들기 때문이다. 후진국에서 중진국으로 갈 때에는 소득 불평등도가 높아지지만 선진국으로 가면서는 완화된다.

여기서 중요한 것은 경제적 성과로 정부재정이 늘어나고, 이를 다시 소득분배를 개선하는 방향으로 지출할 수 있게 된다는 점이다. 정부는 사회복지정책 혹은 소득재분배 정책을 시행하면서도 경제성장을 지속할 수 있게 된다. 개선되는 정도는 시장에서의 분배도 중요하지만, 소득재분배 정책이 얼마나 효과적으로 시행되고 있는가에 따라 결정된다.

분배와 성장은 쿠즈네츠 곡선을 따르지 않는다?

그렇다면 실증적으로 볼 때 소득불균형과 1인당 실질GDP는 쿠즈네츠 곡선의 형태를 따르는가?

〈그림 5〉는 두 변수의 관계를 1990년(109개국)과 2015년(108개국)에 대하여 추세선을 포함하여 그린 것이다. 쿠즈네츠 곡선과 다르게 U자형이다. 두 연도의 추세선을 보면 1990년(✖ 표시)에 비해 2015년(● 표시)의 지니계수가 상승했다. 지니계수는 소득분배 정도를 측정하는 지표다. 값이 클수록 소득분배 상태가 악화된다고 보는데, 2015년에 오히려 소득불균형이 높아진 것이다.

여기서 눈여겨봐야 할 것이 있다. 실증 분석에서 쿠즈네츠 곡선이 성립한다는 것은 소득불균형과 1인당 소득이 서로 단순 관계에 있지 않다는 점이다. 이를 보고 쿠즈네츠 곡선 자체가 성립하지 않는다고 비판하는 사람도 있다. 분석대상 국가의 특성인 인구규모, 정부지출, 인플레이션, 투자 등 특성에 따라 소득수준과

그림5 · 1인당 실질 GDP(2015년)와 지니계수의 관계

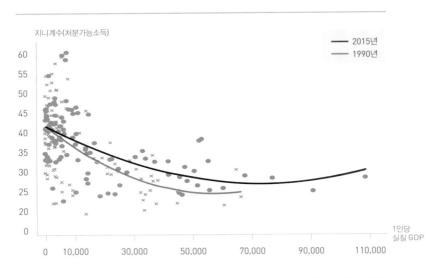

자료: World Bank, WDI; Solt(2019) 참조하여 저자 작성.

쿠즈네츠 곡선의 관계가 조건적으로 성립한다고 본다(Barro, 2000).

분배와 성장은 선택의 문제가 아니다

'분배가 먼저인가 성장이 먼저인가' 문제를 쉽게 말하면 '쓰는 것'이 먼저인가 '버는 것'이 먼저인가다. 이 문제의 정답을 구하는 것이 경제학의 영원한 숙제다. 연구자, 자료, 분석대상에 따라 결과가 다르기 때문이다. 소득분배를 먼저 시행하는 경우, 지출에

대한 재원을 확보해야 하는 문제가 있다. 한 개인은 이런 전략을 시행하기 쉽지 않다. 먼저 재원조달을 위해 차입해야 하기 때문이다. 그러나 국가 차원으로는 가능하다. 혜택을 받는 계층과 지원할 계층, 즉 세금을 부담하는 계층이 다르기 때문이다.

소득분배가 좋은 국가일수록 경제성장도 빠르고 경제발전 단계도 높다는 이론은 실증적으로 많은 지지를 받고 있다. 그러나 소득분배 정책을 우선해야 한다는 주장 자체를 지지하는 것은 아니다. 아무리 소득분배를 적절하게 하더라도 국가 재원 확보를 위한 소득창출, 즉 경제성장이 되지 않으면 궁극적인 소득분배 개선이 어렵기 때문이다. 소득분배가 개선되지 않으면 정부는 포퓰리즘 정책을 시행한 것이 된다. 사회주의가 그렇다. 배급으로 분배원칙을 세웠지만 이를 지원할 재원확보가 뒷받침되지 않은 것이 문제였다. 소득주도성장 정책도 '최저임금이 인상되면 생산성이 상승하여 경제성장에 도움이 된다'는 논리이며 같은 기조다.

경제성장을 우선시하는 정책도 그렇다. 경제가 성장한다는 것은 국민에게 나누어줄 수 있는 빵의 크기가 커진 것을 의미한다. 이렇게 창출된 소득을 정치인이나 고소득층이 적절히 분배하지 못하고 독식하게 된다면 소득분배는 개선되지 못한다.

효과와 현실성을 기준으로 분배와 성장의 우선순위가 결정되어야 한다. 분배를 먼저 하고 재원을 조달할 것인지 아니면 재원이 있다고 판단한 후 분배할 것인지는 선택의 문제다. 만약 소득분배 정책을 강하게 시행하려는 경우, 당장의 재원만이 아니라 미래에도 지속적으로 재원조달이 가능한지 판단해야 한다. 복지를 시행하다 없애는 건 굉장히 어렵기 때문이다. 최저임금도 같다. 먼저 일정의 임금을 주는 것이 효과가 있는지, 부가가치가 증가한 뒤 이 일부를 적절하게 분배하는 것이 더 효과적인지 살펴봐야 한다. 예를 들어, 모든 학생에게 사전에 100점을 주고 공부를 열심히 하기를 기대하는 것과 열심히 하면 좋은 성적을 주겠다고 하는 것 중 어느 방안이 학생 능력을 향상시킬 수 있는지 선택하는 것이다.

주목할 것은 경제성장과 소득분배가 상충적trade-off인 관계가 아니라 함께 갈 수 있다는 점이다. 양자택일의 문제가 아니다. 북유럽 국가를 보자. 스웨덴, 덴마크 같은 국가들은 한국보다 1인당 GDP도 높고 소득분배 상태도 양호하다. 반면 1인당 GDP가 우리보다 낮은 국가들은 상대적으로 소득분배 상태가 악화되어 있다. 브라질, 인도, 중국, 필리핀 등의 지니계수가 우리보다 높게 나오는 데서 알 수 있다.

CHAPTER 6

환경오염,
세계화를 위협하다

산업혁명 이후 온실가스 배출은 지구온난화라는 기후 변화climate change를 일으켰다. 이는 인류 삶의 질을 하락시키는 주요인이 되었다. 오염 발생지역 주변으로 그 영향이 한정되는 다른 환경오염과 달리 기후변화는 전 세계에 영향을 미치고 있다. 이에 UN을 중심으로 국제사회는 온실가스 감축을 위한 공동의 노력을 기울이고 있다. 그러나 글로벌 금융위기 이후 각국의 경제 상황이 악화되면서 국제적 노력이 지속될 수 있는가에 대한 우려도 커지고 있다. 미국 트럼프 정부의 파리기후협약 탈퇴가 대표적인 사례다. 경제의 지속적 성장과 기후변화 대응을 동시에 이루는 일은 인류 전체가 직면한 긴박하고도 절실한 난제다.

경제성장과 환경오염

2014년 기준 1인당 실질 GDP와 1인당 이산화탄소 배출량의 관계를 보자〈그림 6〉참조). 1인당 실질 GDP가 1만 달러 정도까지 는 소득보다 이산화탄소 배출량이 더 빠르게 증가한다. 그러나 그

그림6 • **1인당 실질 GDP와 이산화탄소 배출량**

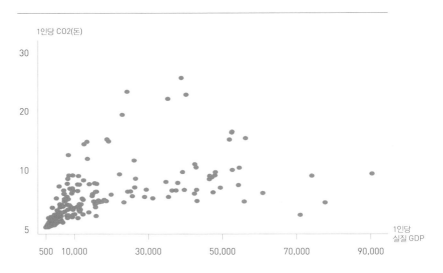

주: 1인당 실질 GDP가 9만 달러 이상이거나 1인당 CO2 30톤 이상인 5개 국가(Channel Islands, Curacao, Eritrea, St. Martin (French part), Monaco)는 제외됨.

자료: World Bank, WDI를 이용하여 저자 작성.

이상을 보면 소득과 비례하여 증가하지 않는다. 소득이 높은 선진 국일수록 1인당 이산화탄소 배출이 낮은데, 이는 이산화탄소 배출이 적은 형태로 산업구조가 바뀌고, 사회 전반적으로 에너지 효율이 높아졌기 때문이다.

한국의 환경상태와 대응 전략은?

한국은 1960~1970년대 고도 경제성장을 달성한 국가다. 지금 보면 운이 많이 따랐던 것 같다. 당시 온실가스 배출이 많은 중화학공업을 중심으로 성장했지만, 온실가스 배출 억제에 대한 국제적 압력이 없었고 수입국이 보호무역주의를 실시하기 이전이었기 때문이다. 덕분에 환경오염물질 배출에 대한 관심이나 규제가 느슨한 상태에서 경제성장 중심 전략을 펼 수 있었다.

그렇다면 현재 우리 환경상태는 어떨까? 예일대학과 컬럼비아대학이 공동 연구한 환경성과지수EPI, Environmental Performance Index를 보자. 2018년 기준으로 지수가 62.3이며, 180개 국가 중 60위에 해당한다. EPI를 구성하는 더욱 자세한 지표들은 〈표 8〉에 정리되어 있다. EPI는 크게 두 가지 요소로 구성되는데, 환경보건과 생태계 건전성이다. 환경보건은 73.30으로 50위, 생태계 건전성은 54.96으로 78위다. 상대적으로 생태계 건전성이 아직은 뒤떨어져

표8 • **한국의 환경성과지수(2018년)**

지표	값 (순위)	지표	값 (순위)
환경보건	73.30 (50)	**삼림**	73.30 (50)
대기질	61.19 (119)	어업	61.19 (119)
물과 위생	96.52 (20)	기후 및 에너지	96.52 (20)
중금속	91.48 (11)	대기오염	91.48 (11)
생태계 건전성	54.96 (78)	수자원	54.96 (78)
생물다양성과 서식지	46.66 (144)	농업	46.66 (144)

주: 괄호는 180개국 중 순위임.
자료: Wending et al.(2018).

있다.

환경보건은 대기질 등 세 가지 지표로 구성되어 있고, 생태계 건전성은 생물다양성과 서식지 등 일곱 가지 지표로 구성되어 있다. 환경보건을 구성하는 지표 중 대기질이 61.19로 119위였다. 그리고 생태계 건전성을 구성하는 지표 중 생물다양성과 서식지(144위), 기후 및 에너지(110위) 부문이 상대적으로 뒤떨어진 부문임을 알 수 있다.

이명박 정부는 2009년 녹색성장 전략을 국가 차원의 발전전략으로 채택하여 세계적인 기후변화 대응에 동참하고 지속가능한 경제발전을 지향했다. 이후 국제기구에서도 유사한 개념으로 UNEPUnited Nations Environment Program(유엔환경계획)가 녹색경제green economy를, 세계은행은 포용적 녹색성장inclusive green growth 전략을 발표했다(강성진, 2014).

개발도상국의 생산현황을 보자. 이들은 환경친화적 생산기술 수준이 낮고, 환경 규제가 선진국에 비해 느슨하다. 에너지 집약 산업에 의존하고, 생산방법은 선진국보다 환경친화적이지 않다. 간혹 선진국 내에서의 규제가 강화될 때, 이들 산업 생산기지가 개발도상국으로 이전되는 경우가 있다. 이때 공장이 옮겨가므로 환경오염도 함께 이전된다고 볼 수 있다. 제품은 개발도상국에서 생산되지만, 수요는 선진국 등 많은 국가에서 이루어질 수 있다.

🔍 Zoom In 환경을 위한 녹색성장 전략

화석연료 사용 비중을 낮추고, 친환경에너지 사용 비중을 높이면서 경제개발을 도모하는 전략이다. 저탄소 녹색성장이 본 명칭이다. 산업혁명 이후 20세기까지 경제발전의 핵심자원이었던 석탄, 석유 등 화석연료 사용으로 인해 오염된 환경을 보호하며 경제성장을 이루기 위한 경제 정책 방향을 의미한다. 우리나라에서는 2008년 이명박 정부가 국가 비전으로 제시한 바 있으며, 청정에너지와 녹색기술을 통하여 에너지 자립을 이루고, 신성장 동력과 일자리를 창출한다는 목적으로 시작되었다.
우리나라의 경우 이와 관련한 노력으로 효율적 온실가스 감축, 탈석유 및 에너지자립 강화, 기후변화 적응역량 강화(기후변화 적응 및 에너지 자립), 녹색기술 개발 및 성장동력화, 산업의 녹색화 및 녹색산업 육성, 산업구조의 고도화, 녹색경제 기반 조성(신성장 동력 창출), 녹색국토 및 녹색교통 조성 등의 정책적 노력들이 이어지고 있다.

이 관점에서 본다면, 개발도상국의 온실가스 문제는 선진국에도 책임이 있다.

한국의 녹색성장 전략이 개발도상국에게 주는 시사점은 명확하다. 개발도상국에게 환경친화적이지 못한 재화를 생산하지 말라는 것이 아니다. 국제협력을 통하여 이들 산업에 친환경 기술을 도입하거나 에너지 절약을 통하여 생산수준을 떨어뜨리지 않으면서 온실가스 배출량을 낮추자는 것이다. 산업의 녹색화라고 한다. 기후변화에 대응하면서 경제성장도 동시에 달성할 수 있다.

세계는 친환경 제품에 열광하고 있다

기후변화의 책임은 전 세계 어느 국가도 피하기 어렵다. 선진국은 과거 온실가스 축적에 대한 책임이 있다. 지금 온실가스를 배출하는 개발도상국도 마찬가지다. 지속적인 경제성장을 달성

Zoom In 유엔환경계획

1973년 1월에 설립된 UN의 기관. UN 조직 내의 환경 활동을 활성화하기 위해 설립된 '환경 전담 국제 정부 기구'로, 환경문제에 관한 국제 협력을 도모하는 것을 목적으로 한다. 사무국은 케냐 나이로비에 있다.

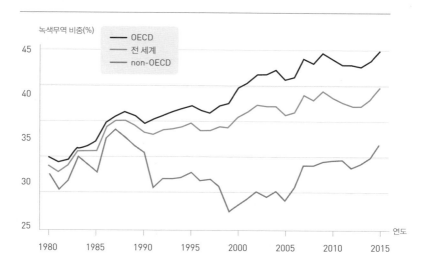

자료: Kang(2020, 그림7)을 다시 그린 것임.

하기 위해서는 생산방법을 바꿔야 한다. 지금 전 세계는 친환경 정책에 더해 상품무역도 친환경 재화를 중심으로 이루어지고 있기 때문이다.

각 국가 무역패턴을 보면 녹색산업에 속한 제품의 비중이 증가하는 추세인 것을 알 수 있다(Kang, 2020). 〈그림 7〉과 〈그림 8〉은 각각 전 세계 및 한국의 무역자료를 녹색·비녹색산업으로 구분한 것으로, 녹색산업의 무역(수출과 수입의 합) 추이를 보여준다(산

그림8 • 한국의 녹색산업 수출 및 수입 비중

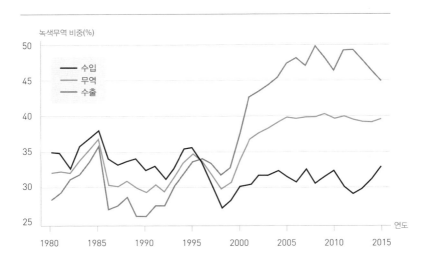

녹색무역 비중(%)

수입
무역
수출

연도

자료: Kang(2020, 그림7)을 다시 그린 것임.

업분류와 자료는 Kang(2020)에 자세히 설명되어 있다).

〈그림 7〉은 전 세계 무역을 OECD 국가(선진국) 및 non-OECD (개발도상국)로 구분한 것으로 녹색무역의 추이를 보여준다. 선진국을 보면 녹색무역 비중이 증가하는 추세다. 개발도상국은 2005년 즈음까지 하락하다가 이후부터는 증가하는 추세다. 이는 선진국일수록 녹색무역 비중이 높다는 것을 의미한다. 이러한 결과는 개발도상국 입장에서 녹색산업 투자 비중을 높여야 함을 의미한다.

수출을 통한 경제성장이 가능하기 때문이다.

〈그림 8〉은 한국 녹색산업의 수출 및 수입 추이를 비교한 것이다. 1990년대 말까지는 녹색산업의 수출·수입 비중에 큰 변화가 없었지만, 이후부터 녹색산업 수출 비중이 급격히 상승했다. 이는 한국도 녹색산업 투자에 집중해야 함을 시사한다. 그래야 수출 확대로 지속적인 경제성장이 가능하다. 반면 수입 부문에서는 녹색산업 비중에 변화가 없다. 여기서는 두 가지 답을 찾을 수 있다. 먼저, 국내 기후변화 대응 정책이 미흡하여 친환경적이지 않은 재화에 대한 규제가 약하다는 것이다. 다음으로, 친환경적 소비행태가 주류를 이루고 있지 않다는 점이다. 국내 소비자들이 아직은 친환경 소비에 적극적이지 않아, 시장에도 반영되지 않는 것이다.

기후변화는 세계화를 위협하는가

지구온난화의 폐해는 생각보다 심각하다. 농산물 재배 면적 감소로 식량 공급에 문제가 생긴다. 불안정한 식량 공급은 식량안보라는 정치·외교적 문제를 야기할 수 있다. 그리고 생물다양성 감소로 생태계 교란이 생긴다. 또한 상당 규모의 빙하가 녹아내리면서 해수면이 상승하고, 이에 작은 섬나라나 해안 도시들은 물에 잠겨 사라질 위기에 처해 있다. 이렇듯 개인의 생명과 안전에서 더 나아가 국가 안전까지 위협하는 문제다.

기후변화 문제 국제적 공동대응의 필요성에 대해 선진국·개발도상국 모두가 공감하고 있다. 그러나 각국이 생각하는 부담의 정도가 달라 의견이 일치되지 않고 있다. 앞서 논의한 녹색 무역 추이에서 알 수 있듯, 선진국의 광범위한 친환경 정책 시행은 무역 장벽을 높였다. 이에 녹색보호주의green protectionism라는 신조어가 등장했다. 이러한 환경 속에서 낙후된 기술과 에너지 집약적 산업구조를 가진 개발도상국은 고민에 빠졌다. 높아진 무역 장벽 때문에 지속적 경제성장이 가능할지 우려하고 있다. 이들은 선진국 수출이 경제성장의 주된 동력이기 때문이다.

개발도상국은 온실가스에 대한 책임을 선진국이 더 많이 가져

🔍 Zoom In **녹색보호주의**

기후변화 대응이나 환경정책을 표면적 이유로 내세운 새로운 형태의 보호무역주의다. 통상 온실가스 감축 등 기후변화 대응이나 환경정책 수행을 표면적인 목적으로 내세우면서 실질적으로는 외국기업의 자국시장 접근을 제한하고 자국 기업의 환경 관련 분야 경쟁력 확보를 도모하는 조치를 의미한다. 녹색 보호주의는 환경보호라는 명분이 있으므로 다른 형태의 보호주의보다 국제사회의 비난 가능성이나 WTO의 제재 가능성이 적다. 이 때문에 최근 세계경제 침체 상황에서 자국 산업 및 일자리를 보호하기 위한 우회적 보호주의로 녹색 보호주의가 활용되고 있다.

가야 한다고 주장한다. 지금의 기후변화는 선진국의 과거 경제활동(산업혁명 이전부터)으로 발생한 것이기 때문이다. 오히려 개발도상국이 큰 피해를 받고 있으므로 온실가스 감축을 위한 신기술과 인프라 도입에 선진국의 경제적 지원이 필요하다고 요구하고 있다.

미국은 국제 기후변화 대응협약의 실효성을 위협해왔다. 미국은 1997년 교토의정서에 사인했다. 하지만 2001년 조지 부시 전 대통령의 반대로 교토의정서 체제에서 탈퇴했다. 세계에서 두 번째로 많은 온실가스를 내뿜고 있는 미국이 탈퇴하자 일본, 러시아, 캐나다, 뉴질랜드의 탈퇴가 이어졌다. 이로 인해 참여국 전체의 온실가스 배출량은 전 세계 배출량의 15%에 불과해 사실상 교토의정서 체제는 무력화되었다고 해도 과언이 아니다. 미 연방정부 차원의 국제 기후변화 공동대응협약 참여 거부는 파리협정에서도 반복되었다. 트럼프 대통령은 파리협정이 미국에 불리하게 되어 있다고 주장했다. 이는 대표적인 기후변화의 원인으로 지목되는 석유·탄광 산업의 의견을 대변한 것이기도 하다. 그리고 2017년 5월 오바마 정부가 합의한 파리협정에서 탈퇴했다.

기후변화 이슈는 어느 한 국가만 노력한다고 해서 해결될 수 없는 문제라는 것에 국제사회 모두가 공감하고 있다. 기후변화 문제를 해결하는 동시에 지속적인 성장을 달성하기 위해서는 국제적 협력이 필수라고 할 수 있다.

국제협력으로 탈세계화 극복해야

지구온난화 극복에 선진국뿐 아니라 개발도상국도 참여하고 있다. 트럼프 정부(미국의 약 12개 주는 파리협정을 지지하고 적극적인 기후변화 대응 활동을 하고 있다)를 제외하면 모든 선진국은 문제의 심각성에 공감하고 있으며 대응책 마련에 적극 참여하고 있다. 그러나 개발도상국은 관련된 기술, 재원, 역량이 부족한 상태다. 따라서 오히려 선진국과 경제발전 격차가 더욱 벌어질 수도 있다는 우려가 있다.

국제사회는 개발도상국에게 (국제협력이 성공적으로 이루어진다면) 기후변화 대응에 적극 참여하는 것이 자국 경제성장에 도움이 될 수 있다고 설득해야 한다. 대표적인 국제협력 내용은 기술·재원 협력, 인력의 역량 강화 등이다. 이론적 근거는 모한 무나싱헤(M. Munasinghe, 1995)의 지속가능경제학sustainomics에서 찾아볼 수 있다.

〈그림 9〉는 이러한 가능성을 설명하는데, '환경 쿠즈네츠 곡선'이라고 부른다. 앞서 나왔던 쿠즈네츠 곡선을 이용한 것이다. 세로축은 환경오염의 정도다. 증가할수록 환경오염 정도가 심해진

그림9 • 경제발전과 환경오염의 지속가능경제학

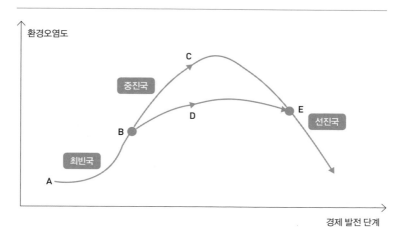

자료: 무나싱헤(2015)를 수정·보완해서 저자 작성.

다는 것을 의미한다. 그림에서 'A → B → C → E 곡선'은 기존 선
진국들이 경험한 경제성장과 환경오염의 변화를 나타낸 것이다.
경제발전 초기에는 매우 가난한 상태이고, 환경오염이 심해지지
않은 상태다. 경제가 성장하는 과정에서 환경오염 물질의 배출량
은 증가하게 된다. 그러나 곡선의 꼭짓점을 지나면서부터는 경제
성장도 지속되고 환경오염 정도도 개선되기 시작한다.

이는 산업혁명이 시작된 영국이나 미국 중화학공업 중심지였
던 디트로이트의 환경오염 사례에서 알 수 있다. 주로 석탄을 원

료로 사용하던 당시, 영국에서 수차례 발생한 스모그smog는 경제발전에 따른 환경오염의 위험성을 잘 보여주고 있다. 특히 1952년 런던에서 발생한 그레이트 스모그Great Smog는 전 세계에 환경오염의 심각성을 알리는 계기가 되었다. 그러나 현재 이 도시들은 환경친화적 도시로 변신했다.

무나싱헤는 개발도상국의 우려를 해소하는 주장을 했다. 〈그림 9〉에서 볼 수 있듯 선진국이 경험했던 기존 경로가 아니라 'A → B → D → E' 곡선의 경로를 갈 수도 있다는 것이다. 선진국의 과거 기술보다 현재 개발도상국이 사용할 수 있는 기술이 훨씬 더 온실가스 절감에 효율적이기 때문이다. 물론 국제적으로 개발도상국에 대한 지원이 이루어져야 이런 효과를 극대화할 수 있다.

🔍 Zoom In **무나싱헤와 지속가능경제학**

모한 무나싱헤는 스리랑카의 물리학자이면서 경제학자로 기후변화 및 지속가능발전 분야 전문가다. 2007년에는 기후변화에 관한 정부 간 패널(IPCC) 부의장으로 앨 고어(A. Gore)와 함께 노벨평화상을 받았다. 그는 1992년 브라질 리우에서 열린 지구정상회의(Rio Earth Summit)에서 지속가능경제학의 개념을 발표했다. 핵심 내용은 혁신과 아이디어가 있다면 기존의 지속가능발전의 경로를 뛰어넘을 수 있는 발전이 가능하다는 것이다.

국제협력이 성공적으로 이루어진다면, 개발도상국은 온실가스를 적게 배출하는 동시에 경제성장도 할 수 있을 것이다. 개발도상국은 환경보호 문제보다 경제성장에 더 집중하고 있다. 따라서 선진국은 개발도상국과 자유로운 무역을 하면서 생산과정에서의 친환경적 기술, 재원, 인력양성에 지원해주어야 한다.

강대국이자 온실가스 배출 문제에 큰 책임이 있는 미국이 파리협정 열차에서 내려왔다. 그럼에도 파리협정은 순항하고 있다. 일부 선진국만 온실가스 감축의무를 졌던 교토의정서와는 달리 파리협정은 전 세계를 당사국으로 했고, 각국이 스스로의 능력에 맞게 감축 목표를 정했기 때문이다. 또한 개발도상국의 기후변화 대응활동을 지원하기 위해 재정지원, 기술지원, 탄소 감축을 위한 국제협력 메커니즘 등을 실제로 마련하고 있다. 이러한 개발도상국 지원 메커니즘들이 원활하게 작동된다면 기후변화 대응 활동은 선진국과 개발도상국 모두에게 이득을 가져다줄 수 있다.

CHAPTER 7

경제 망하게 한
큰손의 개입

경제성장이론은 전통적으로 노동, 자본, 토지 및 기술 등 생산요소를 투입하는 경우 모든 국가가 같은 경제성장을 달성할 수 있는 것처럼 설명한다. 그러나 동일한 요소를 투입하더라도 똑같은 결과가 나오지 않는 것이 현실이다. 결국 기업이나 국가의 생산능력에 영향을 주는 정치적 리더십, 부정부패 등 제도적 변수와 함께 사회적 역량social capability이 중요하다.

• • •

성공한 국가, 실패한 국가

과거 식민지를 확보하며 세계경제를 주도했던 스페인, 네덜란드 등은 현재 영국과 미국에 그 자리를 추월당했다. 산업혁명시기를 거치면서 선진국 대열에 있었던 아르헨티나와 베네수엘라는 과거의 경제성장 기조를 유지하지 못하고 있다. 수십 년 동안 최빈국 수준에서 벗어나지 못하고 있는 국가(탄자니아, 짐바브웨, 토고, 부룬디 등)도 있고 한국, 대만처럼 저개발국에서 탈출하여 선진국 대열에 합류한 국가들도 있다.

그리스, 베네수엘라, 아르헨티나, 필리핀, 한국을 비교해보자. 〈그림 10〉은 1960년 이후 한국을 포함한 주요국의 1인당 실질 GDP 추이를 보여준다. 한국은 1960년 이후 급속한 경제성장을 경험하고 있는 대표적인 국가다. 1960년 1인당 실질 GDP가 944달러에 불과한 최빈국 중의 하나였다. 그러나 2018년에는 2만 6,762달러로 증가하여 연평균 5.8%의 경제성장률을 보여주었다. 한국은 1970년경 필리핀, 1980년대에는 아르헨티나, 1990년대에는 베네수엘라를 앞질렀다. 2010년대에는 그리스도 넘어섰다. 단순히 선진국을 추격하는 것에 그치지 않고 해당국을 뛰어넘었다.

필리핀은 1960년 1인당 실질 GDP가 1,059달러로 한국보다 잘 사는 국가였으나 2018년 3,022달러 증가하는 데 그쳤다. 한국

그림10 ● 한국과 주요국의 1인당 실질 GDP 비교

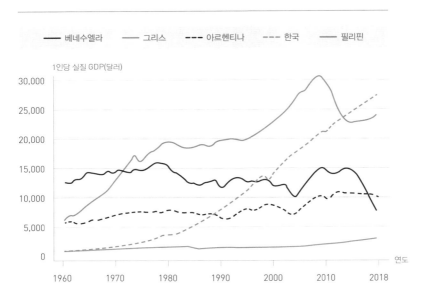

자료: World Bank, WDI를 이용해서 저자 작성.

보다 증가 폭도 작아서 이미 1970년대에 한국보다 떨어지는 경
제발전 단계를 경험하였다. 아르헨티나도 유사하다. 1960년 5,643
달러로 한국보다 5배 정도 높은 1인당 실질 GDP 수준이었으나
2018년에는 1만 44달러에 불과하여 한국의 38% 수준으로 추락
하였다. 더욱 극적인 국가는 베네수엘라인데 1960년 1인당 실질
GDP가 1만 2,547달러에 달했으나 2018년에는 오히려 절대 수준

그림11 ● 저발전 함정에 있는 주요 국가

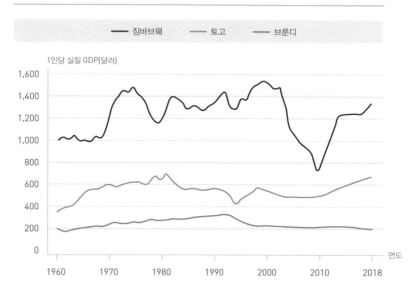

자료: World Bank, WDI를 이용해서 저자 작성.

이 하락하여 7,697달러가 되었다.

선진국 수준의 경제발전 단계에 이르렀다가 추락한 국가들
도 있지만, 아예 경제성장 자체를 경험하지 못하고 저개발함정
underdevelopment trap에 빠져있는 국가도 있다. 〈그림 11〉에서 아프리
카의 대표적인 최빈국으로 알려진 짐바브웨, 토고, 부룬디를 보자.
이들 국가의 1인당 실질 GDP는 1960년 이후 거의 변동이 없다.

부룬디는 1960년 1인당 실질 GDP가 213달러로 최빈국이었다. 2018년에는 211달러로 1960년에 비해 거의 변화가 없다.

사회주의적 리더십이 국가를 실패하게 한다

시간이 지나도 국가의 경제발전 단계가 상승하기는커녕 오히려 더욱 하락할 수도 있다. 이는 정부가 자신들이 처한 경제환경을 냉철히 보고 성장잠재력을 확보하는 것이 얼마나 중요한지를 보여준다.

먼저 아르헨티나는 1930년대 선진국이었다. 하지만 포퓰리즘 정책과 정치적 불안정성이 국가 경제를 추락시켰다. 높은 임금인상과 사회복지정책으로 대표되는 후안 페론J.D. Peron 전 대통령의 페론주의가 아르헨티나 경제를 어려움에 빠트린 근본적 원인으로 알려져 있다. 다른 국가들처럼 폐쇄적 정책이 주원인은 아니다. 1976년의 정부는 오히려 신자유주의라고 비판 받을 정도의 시장개방과 과감한 외자유치정책을 시행했다. 여기에 국회 해산, 정당과 노조활동 금지, 최저임금 폐지 등 같은 급격한 정책 노선의 변화와 중화학공업 육성 정책으로 늘어난 외채가 경제위기의 직접적인 원인이라고 볼 수 있다.

정치적 불안정도 경제 어려움을 가중시킨 이유다. 1940년대 이후 1943년, 1955년, 1976년에 세 차례의 군사 쿠데타가 일어났다. 특히, 1976년 집권한 군사정부의 정치 반대파를 탄압하는 더러운 전쟁Guerra Sucia으로 정국의 혼란은 지속되었다.

필리핀은 1945년 일본으로부터 독립 후 미국에 대한 의존이 강해지면서 민주주의가 발달하는 것처럼 보였다. 그러나 1965년 11월 마르코스 대통령이 당선되면서 필리핀 경제에 암운이 깃들기 시작했다. 첫 임기(1965-1969) 동안은 대외차관 유입을 통하여 사회간접자본 투자확대 정책을 펴면서 경제적 안정을 취하는 것처럼 보였다. 그러나 1970년대 들어서서 세계경제의 어려움이 가중되면서 필리핀도 위기를 벗어나지 못했다. 게다가 재선을 노리는 마르코스는 방만한 재정지출을 시도하면서 오히려 경제적 어려움을 가중시켰다. 수출촉진지역 설치 등 개방정책이 성과를 보이기도 했으나, 지속적인 성장으로 이어지지 못했다. 대외채무 누적과 대통령 측근들의 부정부패로 경제는 계속 추락했다. 결국, 필리핀은 1983년 모라토리엄moratorium을 선언했다.

마르코스에 이어 1986년 대통령이 된 아키노 정부는 국영기업의 사유화, 무역자유화 등 친시장 정책과 경제개발 6개년 계획(1987-1992)을 통해 재기를 시도했지만 누적된 외채문제를 해소하기에는 역부족이었다. 1992년 그 뒤를 이은 라모스 대통령은 사회적 평등 및 빈곤 완화를 주목적으로 지향하는 경제개발 6개년 계획(1993-1998)을 시행했지만, 그 역시 경제성장으로 이어지지 못했다. 종합하면, 필리핀은 폐쇄적 경제정책을 시행한 국가는 아니다. 무역 확대, 투자 자유화 등 시장경제 중심의 정책을 시행했다. 그러나 경제성장으로 연결되지 못한 이유는 대통령 측근들이 주요 기업을 소유하는 등의 부정부패 때문이었다.

베네수엘라의 몰락 원인은 풍부한 석유자원 때문이라고 보는 사람이 많다. 하지만 이는 대외적으로 봤을 때다. 더 중요한 원인은 사회주의 정책이라고 할 수 있다. 석유자원이 풍부한 국가가 모두 실패한 것은 아니기 때문이다. 유가 상승으로 확보된 정부재정을 무상복지에 사용했지만, 유가 하락 시기에 이르면서 이 재원을 충당하지 못해 경제위기에 직면했다.

석유 가격이 높았을 때 복지뿐만 아니라 미래성장동력 확보를 위한 투자를 활발하게 해두었다면 위기가 찾아오지 않았을 수 있다. 석유질이 다른 나라의 것보다 떨어진 이유도 생산성 향상을 위한 투자가 제대로 이루어지지 않았기 때문이다. 즉, 사회복지정책에 재정을 쓴 것이 원인이 아니라 소득증대 목적 이외의 부문에 많이 사용했기에 몰락한 것이다.

한국경제연구원(2018)은 베네수엘라의 몰락한 이유로 정부의

표9 ● 베네수엘라 정부의 시장개입 및 개인 재산 침해 사례

주요 정책	
정부의 경제 개입 사례	• 최대 통신회사인 Cantv, 철강회사인 Sidor, 모든 민간전력회사, 베네수엘라 은행(Banco de Venezuela) 외 5개 은행, 시멘트 회사, 60여 개의 유전서비스 및 외국계 석유회사, 식품 생산 및 유통회사 등 국유화함. • 2003년: 모든 외환 송금은 정부의 허가를 받도록 함으로써, 베네수엘라에 투자한 외국기업들의 본국 송금 에러 발생(외환통제정책) • 2005년: 기존 외국회사는 국영석유회사(PDVSA)와 합작투자 방식으로 전환하게 하고 PDVSA가 지분을 최소 51% 보유토록 함(탄화수소법).
정부의 기업재산 침해 사례	• 2010년: 차베스 대통령은 가격조작 등 국내 실정법 위반을 이유로 프랑스 회사가 소유한 슈퍼마켓체인점인 '엑시토' 자산을 몰수함. • 2016년: P&G, 클로락스, 킴벌리 클라크 등 생활용품업체가 공장 가동을 멈추자 '의도적으로 생산을 중단했다'라며 공장을 몰수, 국영기업으로 전환함. • 2017년: 베네수엘라 전체 자동차 생산의 55%를 차지하던 GM 공장을 몰수하고 완성차 및 일부 시설을 외부 반출함.

자료: 한국경제연구원(2018).

강력한 사회주의적 정책이라고 보고 있다. 〈표 9〉에 요약되어 있다. 첫째, 민간기업의 국유화 및 외환 송금에 정부 허가를 받도록 하는 정부 개입을 강화하였다. 둘째, 정부가 민간기업 자산을 침해했는데 대표적으로 프랑스 회사인 엑시토의 자산을 몰수하고, 미국 GM 공장을 몰수하였다.

최근 그리스의 몰락 원인에 대한 논쟁이 격렬하게 이루어지고

있다. 그리스는 2004년 아테네 올림픽 개최 과정에서 대규모 재정적자가 쌓였다. 그리고 2008년 글로벌 경제위기를 거치면서 정부채무가 급증했는데, 이것이 결정적인 경제침체의 원인이 되었다. 이와 더불어 과도한 사회복지 지출, 높은 공무원 연금 지출, 부정부패 등도 원인으로 꼽힌다. UN과 IMF로부터 구제금융 지원을 세 번(2010, 2012, 2015) 받았다. 2018년 8월, UN과 IMF가 그리스에 대한 경제관리 체제를 종결했으나 그리스의 경제적 어려움은 아직도 지속되고 있다.

부룬디는 1962년 7월 르완다에서 분리·독립된 이후 현재까지도 반복적인 쿠데타가 발생하고 있다. 게다가 현재 대통령 피에르 은크룬지자P. Nkurunziza가 2005년 선출된 이후 장기 집권하고 있다. 아프리카 서부에 있는 토고는 1960년 프랑스 식민지에서 독립한 이후 지속적인 정치적 불안을 겪고 있다. 1963년 대통령으로 취임한 냐싱베 에야데마G. Eyadéma는 2005년까지 집권하였고, 이후에도 그 아들이 대통령직을 수행하고 있다. 짐바브웨는 막장 정치를 보여준 대표적인 국가다. 1987년 집권한 로버트 무가베R. G. Mugabe 전 대통령은 2017년 대규모 반정부시위와 군부 쿠데타로 사임할 때까지 30년 집권 기간 전형적인 부패 독재자의 모습을 보여주었다.

경제성장에 민주주의는 어떤 역할을 하는가

앞서 저개발함정에서 벗어나지 못하고 있는 국가들은 공통적으로 정치적 혼란을 경험하고 있다. 본인밖에 모르는 독재자가 권력을 장악하고 있기에 국민 모두 혼란해하고 있는 것이다. 민주주의 발전이 수반되지 않는다면 자유시장경제도 발달할 수 없음을 보여주는 셈이다. 아세모글루·로빈슨(2012)은 포용적 제도inclusive institution 여부가 국가의 성공·실패에 큰 영향을 준다고 주장한다. 포용적 제도는 다양한 계층과 집단의 참여를 보장한다. 하지만 반대 개념인 착취적 제도extractive institution는 다수에 대한 소수 엘리트의 착취를 정당화한다.

포용적 경제제도는 사유재산권을 보장하고, 노력·창의에 대한 합리적 보상이라는 인센티브를 통해 창조적 파괴를 촉진하며, 자본뿐 아니라 노동도 기본 재산권으로 인정하고 보호한다. 그리고 공정한 경쟁을 마련하고, 신기술 투자를 장려한다. 포용적 정치제도는 법과 질서를 확립할 수 있도록 일정 수준 이상의 중앙집권화를 만든다. 그리고 안정적인 사유재산권의 토대를 마련하고 포용적 시장경제가 확립되도록 한다.

아세모글루·로빈슨(2012)은 착취적 제도하에서도 경제성장이 이루어질 수 있다고 주장한다. 대표적 예는 소련(1928-1970)이다.

표10 ● **포용적 및 착취적 정치·경제 제도**

		정치제도	
		포용적	**착취적**
경제제도	**포용적**	미국, 영국, 프랑스 등 서유럽 국가, 한국 (1980년대 이후)	한국 (1970년대까지)
	약탈적	—	소련, 중국(등소평 이전), 쿠바, 북한, 미얀마, 콩고

자료: Acemoglou & Robinson(2012)을 참조하여 저자 작성.

정부권력을 이용해 농업보다 효율성이 높은 공업부문으로 자원 재분배를 성공적으로 했기 때문이다. 또한 박정희 정권에서의 한 국은 착취적 정치제도(권위주의적)였지만, 경제제도는 포용적으로 변화했던 터라 높은 경제성장이 가능했다고 보았다.

여기서 중요한 것은 착취적 정치제도 하에서 경제성장을 이루 려면 중앙집권화가 필수라는 점이다. 고도의 중앙집권화는 한국 과거 군부 엘리트층 또는 중국 공산당과 같은 정치권력이 계속적 으로 권력을 유지할 것이라는 확신을 가지도록 만들었다. 이로 인 해 과감한 경제개혁정책이 가능했다.

물론 지속적인 경제성장을 위해서는 정치제도가 포용적으로 변화해야 한다. 한국이 그 예다. 소련은 정치·경제제도 모두 착취적이었으며, 포용적으로 변화하지 못했다. 이 때문에 1970년대 이후 경제성장을 하지 못했고, 붕괴하게 되었다. 〈표 10〉은 주요 국가의 발전과정을 제도 포용성에 따라 분류한 것이다.

CHAPTER 8

경제 살리는
기업가형 국가

기업가형 국가_{entrepreneurial state}란 정부가 기업의 역할을 하는 것을 말한다. 공무원은 기업가정신을 가지고 정책을 수립한다. 창업가형 국가라고도 불리는데, 정부 지원으로 혁신적인 기술이 만들어지는 경우가 많다. 이는 시장에서 공정한 경쟁을 유도하거나 사회복지정책을 시행하는 전통적 정부 역할에서 더 나아간 모습이다. 정부의 기업가적 역할이 강조되는 이유는 민간기업은 정부보다 단기성과를 중시해서 성장잠재력이 높더라도 위험도가 높은 산업에 대한 투자를 꺼리기 때문이다.

· · ·

시장의 한계를 극복하는 기업가형 국가

자본주의에서 소비자는 효용극대화, 기업은 이윤극대화라는 목적을 추구할 때 최고의 효율을 낼 수 있다. 이러한 이유로 기업은 단기적 이익추구에만 목적을 두게 되고 위험부담이 높거나 장기적 투자가 필요한 산업에 대한 투자를 꺼리는 경향이 있다.

하지만 정부는 세금이라는 재정을 가지고 있다. 이를 이용해 위험부담이 높지만 장기적 투자가 필요한 혁신형 산업에 투자할 수 있다. 기업가형 국가는 이는 조지프 슘페터J. A. Schumpeter가 말한 내용이다. 창조적 파괴creative destruction가 민간보다는 오히려 정부 투자 때문에 많이 이루어졌다는 역사적 사실에서 나온 것이다.

시장경제체제가 가장 발달한 미국에서도 많은 기술이 정부 투자 때문에 개발되었다. 마리아나 마추카토(M. Mazzucato, 2013)에 의하면 애플은 정부의 공공투자를 받은 기업이다. 그리고 바이오기술, 나노기술, 태양광·풍력과 같은 신재생에너지 산업에서의 녹색기술 분야도 정부의 적극적인 투자로 혁신이 시작되었다고 주장한다.

애플의 아이폰을 보자. 여기에는 정부의 투자로 탄생한 많은 기술이 사용되었다. 예를 들어, 군사 물품의 정확성을 높이기 위해 국방성이 개발한 GPS가 대표적이다. 2000년 방위고등연구계

획국이 스탠퍼드 연구소에 의뢰해 개발한 가상 개인비서SIRI도 정부 투자 성과가 상업화되어 애플에서 사용하게 된 것이다. 그 외에 LCD도 일본의 평면관 표시 장치 산업에 위기를 느낀 미국 국방성이 산업 경쟁력을 강화하기 위하여 개발한 것이다. 이처럼 국가 차원에서의 기술개발이 없었다면 오늘의 애플이 존재하지 않았을 것이라는 게 마추카토의 주장이다.

한국에서도 예시를 찾아볼 수 있다. 박정희 정부의 경부고속도로 건설, 포항제철 건립 등은 정부의 적극적인 재원조달로 가능했다. 특히 국가 R&D사업은 1980년대 경제성장의 핵심이었던 정보통신산업ICT 발전에 중요한 역할을 했다. TDX 개발 사업(1978-1993)이 성공적으로 수행되었고, 코드 분할 다중 접속CDMA 및 와이브로WiBro의 발전으로 이어졌다. 그 외에 한국형 표준원자로 개발, 다목적 실용위성개발, 고속전철기술개발 등이 있다. 특히 CDMA 기술개발사업(1989-1996)을 추진하여 세계 최초로 상용화를 이루었다(국가과학기술위원회·한국과학기술기획평가원, 2009). 중요한 것은 국책연구기관뿐 아니라 민간 연구단체의 적극적인 참여로 혁신할 수 있었다는 점이다.

비효율적인 한국의 정부 혁신생태계

현실적으로 한국 정부의 R&D 투자는 효율적인 성과를 내고 있는가? 〈표 11〉은 OECD 국가와 비교했을 때, 한국의 주요 혁신 관련 지표의 값과 순위를 나타낸 것이다. 먼저 R&D에 대한 지출을 보면 구매력 지수를 적용했을 때 약 985억 달러로 OECD 36개국 중 4위, GDP 대비 비중은 4.53%로 2위다. R&D 인력 (상근 상당 기준)을 보면 약 50만 명이고 전체 노동력 대비 비중은 1.80%로 OECD 30개국 중 3위다. 특허와 실용신안을 기준으로 미국 특허청에 등록된 지식재산권 수는 한국이 1만 9,780건으로 OECD 36개국 중 3위에 해당한다.

〈표 12〉는 정부에 의한 R&D 지원현황을 비교한 것이다. 전체 R&D 지원 중 한국 정부의 R&D 지출 비중을 보면 20.5%로 35개

표11 ● 한국의 주요 혁신 관련 지표와 순위

	R&D (백만 달러)	GDP 대비 R&D	미국 지식재산권 등록수	R&D 인력 (상근 상당 기준)	노동력 대비 R&D 인력 비중
값	98,451	4.53%	19,780	501,174	1.80%
순위	4	2	3	3	3
비교 국가	36	36	36	32	30

주: 1) 지식재산권은 특허와 실용신안 합계임.
2) 연구개발 관련 자료는 2017~2019년 중 가장 최근 자료를 기준으로 비교한 것임.
자료: OECD, Main Science and Technology Indicators 2019-2.

표12 ● 한국 정부의 주요 혁신성과 지표

	전체 R&D 중 정부 지원	전체 R&D 중 정부 부문 수행	정부부문 R&D 인력 (상근 상당 기준)
비중	20.50%	10.10%	38,737
순위	32	19	5
비교국가	35	36	35

주: 1) 정부부문은 정부출연구기관, 국공립연구기관 등을 의미함.
2) 2016~2019년 중 가장 최근값을 사용함.
자료: OECD, Main Science and Technology Indicators 2019-2.

국 중에서 32위다. 전체 R&D 중 정부가 직접 수행한 R&D 비중은 10.1%로 36개국 중에서 19위다. 따라서 전체 R&D 중에서 정부가 투자하거나 수행하는 비중이 상대적으로 순위가 낮다. 이는 민간의 R&D 투자 및 수행 비중이 높다는 것을 시사한다. 반면 정부의 상용직 R&D 인력(상근 상당 기준)은 35개국 중에서 5위다. 상대적으로 적은 R&D 수행 비중에 비해 연구인력은 많다. 이는 공공부문 R&D 투자의 비효율성을 보여준다.

혁신을 위한 투입은 높은데 성과는 어떤가? 한국은 R&D 지출액, GDP 대비 R&D 지출 비중, 특허 출원수가 세계 최고 수준이지만 실제 산업화로의 전환이 부족하여 경제성장 효과가 크지 않은 것으로 나타났다. 2010년 이후 정부 출원 특허 3만 건 중 외면

표13 · **R&D 사업 혁신 성과지표 국제 비교**

구분		한국		미국		일본	독일	중국
		전체	정부	전체	정부			
피인용수	평균 피인용 건수	5.3	4.3	9.3	7.4	4.7	5.1	3.7
	1회 이상 피인용 특허비율	39.7	29.9	51.6	45.9	41.2	41.9	30.4
삼극특허비율		14	10.4	14.7	15.6	32.6	31.6	12.8
(미국등록) 우수특허비율		18.7	8.9	16.2	11.2	21.8	28.9	12.3

자료: 국회예산정책처(2019).

당해서 포기한 것이 1만 5,400건이다. 정부 R&D 사업화 성공률
도 약 20%로 영국(70.7), 미국(69.3), 일본(54.1)에 비해 크게 뒤지고
있다(조선일보, 2016.03.06.).

특허의 질적 수준을 주요국과 비교하면 선진국과 차이가 크다.
〈표 13〉을 보자. 미국은 평균 피인용 건수, 일본은 삼극특허Triad
Patent Families비율, 독일은 우수특허비율이 높다. 한국 정부 R&D 성
과는 모든 지표에서 전체 평균보다 적다. 국가별 비교를 보면 정
부 R&D 성과는 선진국과 격차가 있고 중국과 거의 유사한 수준
이다.

〈표 14〉의 국가 R&D 사업의 성과를 보면 2013~2017년 동안

표14 ● 한국 정부 R&D 사업 혁신 성과지표

경제적 성과	2013	2014	2015	2016	2017	증가율(%)
기술료 징수 건수(건)	5,284	6,885	7,372	8,865	8,951	14.1
기술료 징수액(억 원)	2,431	2,311	3,169	2,664	2,401	-0.3
건당 징수액(억 원)	0.46	0.336	0.43	0.3	0.268	-13.5
사업화 건수(건)	15,315	21,205	20,088	28,025	32,994	21.2

주: 증가율은 2013-17년 연평균 증가율임.

자료: 국회예산정책처(2019).

기술료 징수 건수와 사업화 건수는 각각 연평균 14.1%, 21.2% 증
가하였다. 반면, 같은 기간 동안 기술료 징수액은 0.3%, 건당 징수
액은 13.5% 하락하였다. 건수로는 기술료 징수 및 사업화에서 증
가했지만, 건당으로 환산하면 오히려 감소하고 있다.

🔍 Zoom In **삼극특허란?**

삼극특허는 국제적인 3개 특허청인 미국 특허청(USPTO), 유럽 특허청(EPO), 일본 특
허청(JPO)에 모두 출원된 특허다.

혁신생태계를 형성하라

한국 정부의 R&D 투자는 세계적으로 높은 수준이지만, 성과는 그렇지 못하다. 사업화, 피인용수, 우수특허비율 등 성과지표를 보면 알 수 있다. 국가 R&D 사업의 효율성이 낮은 것이다. 성과를 위해서는 효율적 혁신생태계를 형성하기 위한 정책패러다임 전환이 필요하다.

첫째, 정부의 시장개입 정도를 낮춰야 한다. 기업가형 국가 이론은 정부의 시장개입을 더 강화하는 논리로 이용될 수 있다. 한국은 앞서 언급했듯 정부의 시장개입이 큰 나라다. 아직도 정부가 최고경영자들을 불러 모아 투자 촉진, 일자리 창출을 권유하거나 대통령 출장에 대기업 사장들이 수행원 역할을 하기도 한다. 따라서 지금보다 정부의 더 많은 시장개입이 필요하다는 논리는 바람직하지 않다.

둘째, 민간과 정부의 역할 분담이 필요하다. 4차 산업혁명에 대응하는 플랫폼 경제platform economy와 공유경제sharing economy 분야에서는 규제개혁이 시급하다. 세계적 도전 과제인 환경·에너지 분야 및 4차 산업혁명 관련 기술은 민간이 자발적·적극적으로 투자하기 어려운 분야다. 이 부문은 정부가 적극적으로 투자하여 민간기업의 위험부담을 줄여주어야 한다.

한국에 기업가형 국가 모형을 도입하기 위해서는 혁신의 주체를 정부가 아니라 민간으로 잡아야 한다. 즉, 정부가 주도하기보다는 민간이 움직일 수 있도록 정부는 지원 역할에 집중해야 한다. 공공부문에 혁신적 아이디어로 민간기업처럼 이윤을 추구하라는 것은 현실성이 떨어진다. 오히려 민간에게 그 혁신 역할을 위임할 때 더 높은 효율성을 일으킬 수도 있다.

셋째, 네거티브형 규제정책으로 전환할 필요가 있다. 혁신 활동에 대한 정부의 적극적인 투자는 매우 중요하다. 하지만 더 중요한 것은 민간의 자체적인 혁신 활동이 용이하도록 제도가 잘 정비되어야 한다는 점이다. 포지티브형 규제정책을 시행하고 있는 지금으로서는 아무리 새로운 아이디어를 내더라도 창업하기 어렵다. 법적인 허가를 받기 위하여 정부, 국회에서 통과과정을 거쳐야 하는데 시간이 지나치게 소요된다.

현재 기득권과 갈등이 있는 경우 통과되기가 더욱 어렵다. 2020년 3월 제정된 소위 '타다금지법'(여객자동차 운수사업법 개정안)이 그 예다. 또한 인터넷전문은행 특례법 개정안이 국회에서 부결되기도 했다.

CHAPTER 9

한국형 자본주의,
가장 올바른 진화형태는?

지금까지 살펴보았듯 자본주의는 산업혁명시기를 거치면서 최소한의 정부 역할로도 지속적인 경제성장이 가능하다는 것을 보여주었다. 그러나 대공황을 거치면서 시장만으로는 부족하므로 정부의 보완적 역할이 필요하다는 주장이 대두되었다.

극단적으로는 1900년대 소련을 중심으로 한 사회주의가 등장하면서 시장 역할이 부정되기도 했다. 그러나 소련이 붕괴함으로써 정부만으로는 지속적인 경제발전이 불가능함을 보여주었다. 이제는 시장이나 정부 하나만으로는 지속적인 경제발전은 불가능하다. 가장 우월한 자본주의 체제는 시장경제를 기반으로 하되, 정부의 적절한 역할로 실질적인 경제성과를 보여주는 형태다.

· · ·

이제는 자본주의 4.0 시대

아나톨 칼레츠키(A. Kaletsky, 2011)는 자본주의 변화과정을 시장과 정부의 역할 정도에 따라 분류했다. 이를 요약한 것이 〈표 15〉다.

먼저, 자본주의 1.0 시대다. 산업혁명부터 대공황 발생 전까지다. 자유주의와 시장경제가 결합한 자유시장경제 체제는 정부의 역할을 최소한으로 하고자 했다. 산업혁명시기에는 자유시장경제 체제를 이용하여 과거에 경험치 못했던 비약적인 경제성장을 달성했다. 하지만 동시에 시장경제의 문제점이라고 할 수 있는 소득분배 악화, 빈곤층 증가, 독과점이 나타났다.

둘째, 자본주의 2.0 시대다. 대공황이 발생하면서 정부주도 정책이 늘어났다. 시장보다 정부 역할이 훨씬 많아졌고, 강해졌다. 당시 케인즈는 정부의 시장개입 정당성을 주장하여 자본주의를 살렸다. 이를 케인즈 혁명이라고 부르기도 한다. 뉴딜정책 등은 당시 대공황으로 민간부문이 제대로 작동하지 못할 때 정부 역할을 고민하던 차에 나온 것이다.

셋째, 자본주의 3.0 시대다. 1980년대에 들어서면서 케인즈의 정책으로는 한계를 느끼고 시장 중심의 공급 중시 정책으로 전환

표15 • 자본주의 체제의 변화

분류	시기	주요 경제변화
자본주의 1.0	1776~1920년대	• 산업혁명에 의한 대량생산체제 • 애덤 스미스의 국부론(1776)과 자유방임주의에 근거한 자유 시장경제 강조 • 곡물법 폐지(1846), 항해조례 폐지(1849) • 대공황으로 자본주의 위기 우려
자본주의 2.0	1930~1970년대	• 케인즈 정책에 의한 정부주도 정책(뉴딜정책 등) • 영국과 미국 등 국유화 정책 강화 • 스태그플레이션에 대한 케인즈 정책 한계
자본주의 3.0	1979~2008년	• 대처리즘, 레이거노믹스에 의한 시장 중시 정책 시행 • 사회주의 국가 붕괴와 시장정책 채택 • 남미국가 경제위기와 워싱턴 컨센서스 정책제안 • 선진국 중심의 세계금융위기(2007-2008)
자본주의 4.0	2008년 이후	• 시장과 정부의 적절한 역할 분담 필요

출처: Kaletsky(2011)를 저자가 정리.

하기 시작했다. 대표적 예시로 미국 레이거노믹스Reaganomics와 영국 대처리즘Thatcherism이 있다. 또한 남미국가에 대한 워싱턴 컨센서스 정책이 제안되었다. 사회주의 국가들이 본격적인 시장경제 체제를 도입하면서 개혁·개방의 정책제안이 나온 시기이기도 하다. 이런 개혁·개방정책은 폐쇄적 경제정책을 지지하는 측으로부터 신자유주의라는 비판을 받기도 하였다. 2008년 선진국을 중심으로 발생한 글로벌 금융위기도 이러한 시장개방 때문에 발생했다는 비판을 받기도 하였다.

마지막으로 자본주의 4.0 시대다. 글로벌 금융위기가 발생한 2008년 이후 현재까지의 자본주의를 일컫는다. 이는 '시장 vs 정부' 문제가 아니라 서로 적절하게 역할 분담해야 한다는 주장이다. 그리고 경제적 성과에 따라 더 우월한 것이 무엇인지 판단할 수밖에 없다는 논리를 편다.

한국에서도 시장과 정부의 역할이 경제발전 단계에 부합하게 바뀌어야 한다. 1960~1970년대 정부주도 경제정책으로 유래 없는 고도성장을 이뤘다. 그러나 선진국 문턱에 진입하는 현재 한국경제는 정부주도에서 탈피하여 민간주도로 패러다임을 바꿔야 한다. 과거 패러다임으로 지속가능한 경제성장은 불가능하기 때문이다. 그럼에도 아직도 정부 영향력이 높은 게 현실이다.

한국 자본주의 패러다임 전환 방향

우리는 전 세계적 환경·에너지·자원 위기에 직면했다. 우리가 경험해보지 못한 새로운 시대인 4차 산업혁명이 코앞으로 다가왔다. 잠재성장률 저하, 심각한 저출산·고령화, 고용창출능력 저하 등 문제를 극복하기 위해 신성장동력 발굴이 시급하다. 한국도 전통적 경제발전 패러다임에서 탈피하여 미래지향적인 선진국형 경제발전 모형으로 전환해야 한다.

첫째, 정부주도형에서 민간주도형으로 패러다임이 바뀌어야 한다. 한국은 경제가 발전하면서 민간부문의 국제 경쟁력이 공공부문의 경쟁력을 빠르게 추월했다. 이는 선진국형 경제 패러다임과 비슷하다. 선진국일수록 민간부문의 경쟁력이 높다. 기업가형 국가 챕터에서 이야기하였듯 정부는 민간에 과감하게 투자하여 혁신환경을 만드는 데 집중해야 한다.

둘째, 경제 현상을 이분법적 시각이 아닌 다차원적 시각으로 바라봐야 한다. 우리의 이분법적 시각을 살펴보자. 시장과 정부, 노동자와 자본가, 성장과 분배, 부자와 가난한 자, 중소기업과 대기업, 성장과 환경, 성장과 분배, 제조업과 서비스업, 수도권과 지방(지역), 강남과 강북 등 이분법적으로 경제를 바라보는 경향이 있다. 대립식 의식구조가 경제정책에도 영향을 미치고 있다. 그런데 현실은 이렇게 이분법적으로 설명할 수 없는 경우가 많다. 예를 들어, 자영업자의 문제가 있다. 자영업자는 노동자인 동시에 자본가이기 때문이다. 이 문제는 파트 2에서 자세히 논의한다.

셋째, 규제 패러다임의 변화가 필요하다. 앞서도 이야기했지만 규제체제를 포지티브에서 네거티브로, 사전적 규제에서 사후적 규제로 전환해야 한다. 이를 통하여 정책집행과 실행과정은 하향식top-down에서 상향식bottom-up으로, 큰 정부에서 작은 정부로 전환될 수 있다.

규제개혁이 이루어지면 4차 산업혁명의 핵심 산업이라고 할 수 있는 자율주행차, 공유자동차, 원격의료·교육 등을 발전시킬 수 있다. 예를 들어 급성장하는 건강관리 제품인 스마트 웨어러블 기기를 보자. 국내 의료시장은 원격의료를 불법으로 규정했다. 때문에 심전도 장치 등 다양한 의료기술을 탑재한 웨어러블 기기를 사용할 수 없다.

또한 다양한 스타트업이 생겨날 수 있다. 국내 최초로 도심 주행에 성공한 자율주행차 스누버SNUver를 보자. 기술을 개발한 서울대 연구팀은 미국 실리콘밸리에 토르드라이브ThorDrive를 창업했다. 미국에서 창업한 이유는 다양한 서비스가 허용되기 때문이다. 따라서 기술을 사업화하기 쉬운 산업생태계가 잘 구축되어 있다.

넷째, 제조업 중심의 산업정책에서 서비스 산업을 융합한 산업정책으로 전환해야 한다. 한국이 제조업 중심경제라는 편향적 시각에서 벗어나야 한다. 이미 제조업 비중은 30% 내외로 60% 이상을 차지하는 서비스업보다 비중이 더 낮다. 중요한 것은 제조업 비중이 높은 것이 경쟁력이 높아서인지 아니면 서비스업에 대한 강한 규제로 서비스업이 성장을 제대로 하지 못해서 나타난 것이 생각해봐야 한다는 점이다.

한국은 서비스업에 높은 규제를 가하고 있다. 예를 들어, 관광을 활성화하자고 하면서 케이블카 설치 등 각종 환경규제 강화정책을 편다. 그리고 아직도 주요 서비스 산업에 개별소비세를 부과하는 비현실적인 조세정책을 실시하고 있다. 개별소비세는 과거 특별소비세의 이름만 바꾼 것이다. 개발도상국 시절에 사치재 소비를 억제하기 위해 도입된 것이었다. 이런 규제를 폐기하여 재화에 대한 해외소비를 국내소비로 전환해야 한다. 저출산·고령화로 고령층의 비중이 높아지는데 관광지에 엘리베이터, 에스컬레이터, 케이블카가 설치되지 않는 경우, 이들의 관광 욕구는 실현되기 어렵다. 이는 곧 미래 관광산업을 통한 국내 서비스 산업의 발전을 막는 것과 다름없다.

서비스 산업에 경쟁이 도입된다면 이 부문의 질을 약화하고 사회적으로 손해를 끼친다는 고정관념에서 탈피해야 한다. 경쟁을 도입한 후 오히려 경쟁력이 강화될 수도 있다. 1987년 시행된 '영화법'이 대표적 예다. 외국인 및 외국 법인에도 영화업을 허용하면서 국내 영화시장에 대한 개방이 본격적으로 이루어지게 되었다. 처음에는 국내 영화인의 반발이 있었지만, 시장개방을 통한 경쟁력 강화 덕분에 한국 영화가 세계적으로 주목 받는 수준으로

	기존	전환
정부와 민간	정부 주도(큰 정부)	민간 주도(작은 정부)
	하향식 의사결정	상향식 의사결정
경제에 대한 시각	이분법	다차원
규제개선	규제강화	규제개혁(선진화)
	포지티브 규제	네거티브 규제
	사전적 규제	사후적 규제
산업정책	제조업 중심	서비스업 차별정책 폐기
	재정지원 산업정책	인센티브형 산업정책
	에너지 다소비	에너지 효율형, 친환경
복지	상대적 격차 해소	절대적 격차 해소

자료: 저자 작성.

성장했다.

또한 2005년 8월 취항한 한국 최초의 저가항공사인 한성항공 (현재 티웨이항공) 허용 이후 폭발적으로 늘어난 여행수요도 이러한 경쟁정책의 결과다. 당시 경쟁도입과 저렴한 가격으로 위험이 커지기 때문에 허용을 반대하는 사람도 있었지만, 현재 그런 우려는 없는 듯하다. 그리고 정부는 정보통신시장에 가격경쟁을 유도하여 민간제품에 대한 다양한 소비 욕구를 충족시키고 있다.

다섯째, 산업정책과 복지정책의 조화가 필요하다. 정부주도형 경제발전 전략에 익숙해진 한국은 기업에 대한 지원을 당연시하고 있다. 중소기업에 대한 지나친 지원은 오히려 좀비기업을 양산하고 기존의 경쟁력 있는 중소기업의 시장경쟁력까지 악화시킨다는 비판을 받기도 한다. 과거 외환위기 시절 워크아웃 제도를 보자. 이 제도로 정상적인 영업을 하는 중소기업들이 오히려 어려움에 직면하기도 했다. 물론 산업경쟁력 강화에 도움이 되는 정책지원은 적극적으로 해야 한다. 다만 앞서 이야기했듯, 기존 산업정책 차원에서 지원하던 자금을 사회복지정책 자금으로 확보하여 빈곤층을 지원해야 한다. 이러한 정책 전환으로 정부지출 혹은 GDP 대비 낮은 사회복지지출 비중을 높이고 양극화·소득분배 개선이라는 정책효과를 달성해야 할 것이다.

PART 2

경제, 오해와 팩트

CHAPTER 1

지금, 양극화는
정말로 개선되고 있는가?

양극화polarization는 중산층 혹은 중간계층middle class이 감소하여 소득분배 상태가 변화하는 것을 의미한다. 중산층은 소득이나 소비 수준과 같은 경제적 수준에 의해 정의되기도 하고, 이념적 혹은 사회문화적 요인에 의해서도 정의된다. 이는 소득이나 소비의 절대적 격차를 의미하는 것이 아니라 소득분배처럼 경제 주체 간 상대적 격차를 의미한다. 양극화를 개선시키기 위한 전제조건은 무엇인지 알아보자.

• • •

양극화와 소득분배는 다르다?

　다만 양극화 개념이 곧 소득분배를 의미한다는 건 아니다. 〈그림 12〉에서는 세 가지 형태의 소득분배 구조를 보여주는 간단한 예를 나타내고 있다. A의 소득분포를 보면 중간소득에 속하는 사람이 매우 많다. 그러나 어떤 이유로 중간층이 감소한 B와 C의 경우를 보자. B는 A의 중간소득에 속하는 사람이 상대적으로 저소득층으로 많이 이동한 경우다. 따라서 A와 비교하면 소득분배가 개선된 것으로 나타난다. 반면 C는 A에서 중간소득에 속하는 사람들이 감소하면서 상대적으로 고소득층으로 많이 이동한 케

그림12 • **양극화와 소득분배**

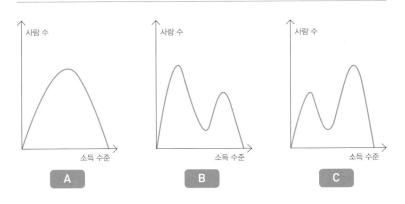

자료: 저자 작성

이스다. 중산층이 감소하며 소득분배가 악화된 것으로 보이므로 B의 경우와 반대 결과라 할 수 있다.

양극화는 심각해지고 있는가?

그렇다면 실질적으로 한국 사회의 양극화 추이는 어떤가? 언론에서는 여론조사를 주로 이용한다. 여기서는 여론조사 결과와 실질적인 자료의 결과가 어떤 차이를 보이는지 알아보자.

〈표 17〉은 가구주의 소득, 직업, 교육, 재산 등을 고려한 통계청의 사회경제적 의식조사 결과다. 중산층이라고 답변한 결과를 보면 2013년 51.4%에서 지속적으로 증가해 2017년과 2019년 각각 57.6%와 58.5%로 나타났다. 자신을 상류층이라고 답변한 사람은 2013~2019년 기간 동안 지속해서 증가했지만, 하류층이라고 답

표17 ● **한국인의 계층의식 변화**

단위: %

계층/연도	2013	2015	2017	2019
상류층	1.9	2.4(2.2)	2.7	2.4
중류층	51.4	53.0(56.5)	57.6	58.5
하류층	46.7	44.6(41.3)	39.7	39.1

주: 2015년 값은 2015년 및 2017년 결과표에 따라 다름.
자료: 통계청(2015.11.25.; 2017.11.7.; 2019.11.25.).

변한 사람은 지속 감소하고 있음을 알 수 있다. 이는 곧 사회문화 등 종합적 변수를 고려한 인식에서 보면 '점진적으로 개선되고 있다'는 것을 시사한다.

그렇다면 경제학에서 정의하는 소득 기준으로 보면 중산층 비중이 얼마나 될까? 우리나라 통계청에선 가구와 관련해 '가계동향조사(가구에 대한 가계수지 실태를 파악하여 국민소득과 소비 수준 변화 측정 및 분석)'와 '가계금융복지조사(가계 자산·부채·소득 등의 규모·구성·분포와 미시적 재무건전성을 파악)' 등을 제공하고 있지만, 소득분배 자료는 연도별로 일관성 있게 발표하지 않아 중산층 추이를 일관되게 비교하기 어렵다. 〈그림 13〉은 두 종류의 조사 자료를 비교하기 위해 합쳐서 그린 것이다. 2인 이상 도시 가구는 1990년 이후부터 자료가 있는데 2008년 최저인 66.3%에 이른 이후 다시 상승하는 추이를 보여준다. 2006년부터 있는 전체 가구에 대한 자료도 유사한 추이다. 다만 이 자료들은 2016년까지만 발표되어 있다. 2015년 이후는 가계금융복지조사 자료를 이용할 수 있는데 절댓값은 낮게 나오지만 2015년 이후 상승하는 추이를 보여준다.

다만 중복연도인 2016년을 보면 2015년에 비해 두 조사의 중산층 변화추이가 서로 다르게 나타나고 있음을 알 수 있다. 가계금융복지조사에 따르면 중산층이 증가하고 있지만, 가계동향조

그림13 • **중산층 추이**

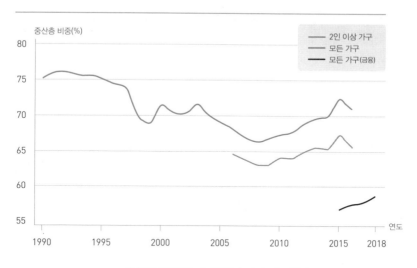

주: '모든 가구(금융)'는 가계금융복지조사 자료이고 나머지는 가계동향조사 자료임.
자료: 통계청, KOSIS 소득분배지표; 통계청(2017.12.21.; 2019.12.17.).

사에 따르면 오히려 하락하고 있다.

선택 가능한 복지국가 형태는?

양극화를 해소하고 동시에 지속가능한 경제발전을 달성하려
면 복지정책 방향을 어떻게 잡아야 할까? 사회복지 분야에서는
주요 국가들의 사회복지 정책을 크게 세 가지 형태로 나누어 설
명한다. 〈표 18〉은 복지정책을 형태별로 분류하고 해당하는 국가

표18 · **복지국가 분류 체계**

분류	형태	해당 국가 및 국민부담률
자유주의	• 저부담 저복지 혜택 • 노동 대신 복지를 선택하지 않게 하는 범위 이내에서 복지정책 시행	미국(24.3) 캐나다(33.0) 호주(28.5)
조합주의	• 중부담 중복지 혜택 • 교회의 전통에서 나온 정책으로 전통적 가족체계 유지가 중요한 목적이어서 비노동력에게는 복지 지원이 인색함 • 소득재분배 약함	오스트리아(42.2) 프랑스(46.1) 독일(38.2) 이탈리아(42.1)
사회 민주주의	• 고부담 고복지 혜택 • 모든 계층이 가장 높은 수준으로 평등한 삶의 질 유지가 목적(보편성) • 시장의 복지체계 기능을 대체함	덴마크(44.9) 스웨덴(43.9) 등 스칸디나비안 국가

주: ( )는 2018년 기준 국민부담률이며, 호주는 2017년 자료임.
자료: Esping-Anderson(1990); 강성진(2018); OECD(2020b).

를 정리한 것이다. 혜택에 비례하여 국민부담도 늘어나기 때문에 비용과 혜택의 조합에 의해 복지국가 형태가 나누어진다(Esping-Anderson, 1990).

첫째, 자유주의 복지국가liberal welfare state다. 국민부담을 적게 하면서 혜택도 적게 하는 것으로 '저부담 저혜택'으로 분류된다. 이는 시장에서 노동을 통한 소득증대 혜택을 강조하여 복지 때문에 노동소득을 포기하지 않게 하려는 목적이 있다. 미국, 캐나다, 호주가 이러한 형태의 복지국가에 해당한다.

둘째, 조합주의 복지국가corporatist welfare state다. 보수주의 체제 conservative state라고도 불리는 것으로 복지혜택을 제공하는 데 시장의 역할을 강조하지 않는다. 따라서 사적 보험이나 직장에서 주는 부가 혜택 등의 복지는 크게 중요하게 보지 않는다. 또한 복지에 대한 정부의 역할도 자유주의보다 더 크게 본다는 점에서 '중부담 중혜택'이라 할 수 있다. 이러한 정책은 오스트리아, 프랑스, 독일, 이탈리아가 시행하고 있다.

셋째, 사회민주주의 복지국가social democratic welfare state다. 스칸디나비아 국가인 덴마크와 스웨덴이 채택하고 있다. 이 체제는 '최소한'이 아닌 '높은 수준'의 평등한 삶을 유지하려 한다. '고비용 고혜택' 복지정책이다.

세 가지 분류에서 볼 수 있듯 모든 국민은 시장이 아닌 정부로부터 큰 복지혜택을 바랄 것이다. 문제는 이 혜택들이 국민 중 누군가가 납부한 세금으로 이뤄진다는 점이다. 따라서 높은 혜택을 주장하려면 많은 세금을 납부하겠다는 공감대가 형성되어야 한다.

혜택과 비용부담의 관계를 보기 위해 OECD가 발표하는 국민부담률을 비교해보자. 국민부담률은 GDP 대비 조세(국세+지방세)와 사회보장기금 비율로 정의된다. 사회민주주의를 따르는 덴마크와 스웨덴은 2017년 기준 각각 44.9%와 43.9%로 다른 두 유형의 복지국가보다 높은 국민부담률을 보여준다. 자유주의 복지국가에 있는 미국(24.3), 캐나다(33.0), 호주(28.5)는 상대적으로 낮다. 한국은 2017년 기준 28.4%로 국민부담률 수준에서 보면 자유주의 복지국가에 속한다고 할 수 있다. 한국은 OECD 평균(34.3)보다 낮으며, 한국보다 낮은 국가는 멕시코(16.1), 칠레(21.1), 아일랜드(22.3), 미국(24.3), 터키(24.4), 스위스(27.9) 6개 국가에 불과하다.

한국이 지향할 복지국가의 전제조건

우리 모두는 인간으로서 기본권을 갖고 있다. 복지정책을 제정하기 위해서는 이 기본 전제를 명심해야 한다. 일하고 있는 사람만이 아니라 소득이 없는 사람도 기본적인 삶을 누릴 수 있어야 한다. 문제는 그 이후부터다. 기본적인 삶을 누릴 수 있을 정도의 소득을 최저생계비 혹은 빈곤선이라고 부른다. 그런데 그 이상의 소득을 얼마큼 보장해주어야 하는지 논쟁이 생긴다. 이 논쟁의 해결점을 찾는 것이 복지국가로 가는 길의 출발점이다. 여기서는 앞서 논의한 다양한 복지국가를 선택하기 위한 전제조건을 살펴보자.

먼저, 복지국가 체제에 대한 논의는 결국 국민부담률을 어느 정도까지 할 것인가에 달려있다. 복지혜택은 결국 현재 혹은 미래

세대가 부담하는 조세수입에 달려있다. 즉, 많은 혜택을 누리려면 그에 상응하는 부담을 하겠다는 국민적 공감대가 형성되어야 한다. 이는 단순히 사회보장기금의 범위와 규모를 넘어, 소득세·법인세율의 수준과 세원의 범위를 어디까지 할 것인가에 대한 공감대가 형성되어야 한다는 것을 의미한다. 정부 예산을 고려하지 않고 복지지출만 생각한다면 국가부채가 커질 뿐이다. 미래세대 부담도 커지고, 결국 국가는 파산할 수 있다.

둘째, 선택적·보편적 복지정책의 선택이 있어야 한다. 앞서 논의했지만 정책의 선택과 목적이 부합해야 국민적 공감을 얻을 수 있다. 예를 들어, 양극화와 소득분배를 개선하겠다고 하면서 보편적 복지정책을 시행한다면 의도하는 방향과 다르게 오히려 소득분배를 악화시킬 수 있다. 모든 국민에게 동일한 지원을 한다면 저소득층뿐만 아니라 고소득층 소득도 동시에 증가하기 때문이다. 그리고 중산층 확대를 위해 고소득층의 소득을 하락시키려는 시도도 결국은 효과가 없을 것이다. 고소득층 소득 하락은 당장 중산층의 소득이 증가한다고 생각할 수 있다.

하지만 결국 전 국민의 평균소득을 하락시켜 저소득층이 더 늘어날 수 있다. 따라서 중산층 확대정책에서는 '저소득층의 소득을 어떻게 증가시킬 것인가'가 핵심이다. 즉, 선택적 복지정책이 시행되어야 하는 것이다. 이 정책으로 빈곤층이 감소하고 중산층이 더욱 두텁게 형성될 수 있다.

셋째, 복지정책의 정책수단은 경제성장에 도움이 되는 방향으로 선택해야 한다. 정책수단은 크게 현금지원과 사회서비스 형태가 있다. 기본적 삶을 유지하도록 하는 것은 현금지원이 적합하다. 기초생활보장제도, 국민연금, 기초연금, 노령연금 등이 전형적인 현금지원 정책이다. 문제는 이러한 지원만으로는 충분치 않다는 데 있다.

최근 논의되는 기본소득제도도 현금지원 정책의 예다. 하지만 도덕적 해이가 일어나 오히려 노동의욕이 감소되는 부작용이 있다. 이를 보완하기 위해서는 서비스형태의 복지가 있다. 노인돌봄서비스, 장애인활동 보조지원사업, 산모·신생아도우미사업, 방과후 학교 등이다. 현금지급이나 서비스형태나 모두 노동의욕 활성화를 도모하고, 이를 통해 지속가능한 경제성장이라는 목적을 달성하려는 수단이다.

CHAPTER 2

소득주도성장의
작동 조건

한 국가의 경제정책에 근거가 되는 이론이라면 이론적·논리적 근거가 많은 학자의 동의를 받아야 하고, 실증적 성과도 어느 정도 검증되어 있어야 한다. 족보가 있어 최소한 대학 교과서에 실려 있을 정도는 되어야 한다. 역사에 정사와 야사가 있듯, 정사로서 존재감을 가진 이론이어야 한다. 검증되지 않은 이론을 가지고 현실경제에 실험하는 것은 너무 위험하다.

소득주도성장 정책은 '분배를 개선하면서 경제성장도 달성할 수 있다'는 매우 이상적인 정책처럼 보인다. 자본주의의 태생적 문제점과 성장을 동시에 해결할 수 있을 것 같다. 그러나 소득이 어떤 소득인지 그리고 정책수단이 누구를 향한 것인지, 정책효과는 검증된 것인지에 대한 동의가 이루어지지 않는다면 족보에 당연히 오르기 힘들 것이고, 결국 포퓰리즘 정책이 될 것이다.

. . .

족보에 없는 소득주도성장 정책

문재인 대통령은 2019년 4월 1일 시민사회단체 초청 간담회에서 "소득주도성장이라는 말은 세계적으로 족보가 있는 이야기"라며 "원래 ILO(국제노동기구)는 오래전부터 임금주도성장을 주창해왔고 ILO가 주창한 임금주도성장은 많은 나라에서 받아들여지고 있다"고 하였다. 그러나 이 발언은 사실이 아니다. 소득주도성장이라는 이론을 포함하는 족보는 없다. 교과서에서는 물론이고 구글을 뒤져봐도 소득주도성장 관련 문헌은 한국에서 발표된 것을 제외하면 거의 찾기 힘들다.

소득주도성장 정책에서 말하는 총소득은 노동자의 노동소득과 자본가의 자본소득으로 나눌 수 있다. 따라서 '소득주도'라고 할 때, 소득이 임금소득인지 자본소득인지를 명확히 해야 한다. 왜냐하면 경제성장을 설명할 때 임금소득과 자본소득을 통한 경제성장 과정이 서로 완전히 반대이기 때문이다. 따라서 상반된 정책과정을 보여주는 용어를 같은 정책수단으로 취급하는 것은 논리적으로 상호 모순이다. 이런 이유로 소득주도성장이 실려 있는 족보는 없거니와 이를 '이론'이라는 이름을 붙여서 설명하는 것도 자가당착적인 논리적 비약이다.

정확히 말하면 임금소득주도성장 정책이다

소득주도성장 정책의 출처를 찾아본다면 마크 라브와·엥겔베르 스톡해머의 〈임금주도성장wage-led growth〉이 될 것이다. 이들은 임금소득을 증가시키면 소비증가와 생산성 향상을 통해 경제성장이 가능하다고 주장한다. 국내에서 소득주도성장 정책을 옹호하는 학자들의 주장을 봐도 명확하다. 물론 박근혜 정부에서 최경환 경제팀이 발표한 경제정책 방향을 두고 소득주도성장이라 하기도 한다. 예를 들어 근로소득 증대세제, 기업소득 환류세제, 배당소득 증대세제 등이다. 이는 가계소득을 늘리자는 분배정책이라고 볼 수 있다. 가계소득은 증가하지만 기업소득은 감소하므로 소득이 증가하는 것은 아니다. 조세정책을 통해 분배를 개선시키겠다는 것이다. 노동소득을 증가시켜 성장하겠다는 문재인 정부의 임금주도성장 정책과는 다르다.

소득주도성장론자들이 자신들의 주장을 뒷받침하는 전제조건을 보아도 임금주도성장 정책이라는 것을 알 수 있다. 이들은 경제성장이 노동소득 증가로 결정된다는 논리를 가지고 있다. 예를 들면, 노동소득분배율이 하락하고 있어 경제성장률이 지속가능하지 않으므로 임금소득 비중을 늘려야 한다는 주장이다. 문재인 정부 들어서 최저임금 인상, 노동시간 단축, 임금피크제 철폐 등의 필요성에 관한 주장은 모두 취업한 노동자들의 소득을 증가시키기 위한 것들이다.

임금주도성장 정책이 소득주도성장 정책으로 둔갑한 이유는 높은 비중을 차지하고 있는 자영업자를 포함하기 위해서다. 자영업자는 자신 스스로 사업자금을 마련해 투자하는 자본가이면서 직접 노동을 하는 노동자라는 양면성을 가지고 있는 일반 사업자다. 경제활동인구조사에 따르면 2019년 자영업자는 전체 취업자 2,700만 명 중 560만 명으로 전체 취업자의 21%에 해당한다(통계청, 2020년 1월 기준). 이는 자영업자에 무급가족종사자를 합해서 정

🔍 Zoom In **노동소득분배율이란?**

전체 국민소득 가운데 노동소득이 차지하는 비율이다. 다른 요소소득인 자본소득에 비해 노동소득의 상대적 크기를 측정하는 데 주로 사용된다.

의하는 OECD 기준으로 보면 5위(2017년)에 해당하는 규모다. 자영업자 비중이 다른 국가들에 비해서 높으므로 노동자만을 포함하는 임금소득주도성장 개념에 자영업자 소득까지 포함하기 위해 '임금'이란 단어를 빼고 소득주도성장으로 둔갑시킨 것이다.

임금소득주도형 정책과 분수효과

임금소득주도형 정책은 분수효과fountain effect를 통해 경제성장에 영향을 준다고 보고 있다. 분수효과는 저소득층이나 저성과 기업의 소득이 증대하면 총수요도 늘어나면서 경제성장이 이루어진다는 논리다. 특히 노동자에 대한 노동친화적 정책pro-labor policy을 강조하고 있다. 저소득층에 대한 소득분배 확대를 우선하는 정책이 강조되기도 한다. 이는 저소득층의 소득이 증가하면 케인즈 소비함수에 의해 고소득층보다 이들의 평균소비성향이 상대적으로 높아서 소비지출이 더 많이 증가한다는 주장이다.

이를 통해 경제의 총수요, 즉 유효수요가 증가하면서 균형국민소득(저축과 투자가 균형을 이룰 때의 국민 소득) 역시 증가해 경제성장이 이루어진다는 것이다. 물론 수요증가에 맞춰 총공급은 자동으로 증가하거나, 이미 경제불황 상태에 있어서 생산된 재화가 충분히 재고로 쌓여 있는 상태여야 한다.

이들이 총수요 측면만을 강조한 것은 아니다. 소득분배 개선의 주요 정책수단, 즉 최저임금 인상 등으로 노동소득이 증가하면 이들의 생산성이 향상돼 총공급이 증가할 수 있다는 가설을 제시하고 있다.

자본소득주도형 정책과 낙수효과

자본소득주도형 경제성장 정책은 '총수요를 증가시켜 경제성장을 일으킨다'는 점에서는 임금소득주도형 정책과 같다. 다만 파급경로는 낙수효과trickle-down effect를 통해서다. 분수효과와 다르게 규제완화, 법인세 인하, 노동시장 유연성을 확대하면 기업이나 정부의 투자가 확대되어 유효수요가 증가하고 경제성장이 이루어진다는 논리다. 그리고 총공급도 증가시키는데, 이는 투자의 이중성dual characteristics of investment을 이용한 해로드−도마르Harrod-Domar 경제성장이론이라 한다. 투자증가는 기업의 생산능력, 즉 공급을 증가시키는 역할을 하는데 이를 투자의 이중성이라고 한다. 이 이론은 케인즈 소비함수에 근거를 둔 것이지만 투자증가가 공급에 영향을 주는 경제성장과정을 설명하고 있다. 특히 많은 개발도상국이 이 모형에 근거해 정부주도형 경제성장전략을 시행하였다. 즉, 노동력은 풍부하지만, 기술진보가 없는 개발도상국에서 정부의 적극적인 외자 유치를 통한 경제성장전략을 시행하는 이론적 근거로 많이 사용되었다.

소득주도는 임금소득과 자본소득으로 명확히 나눠야

정부주도형 경제성장 정책을 시행할 때 임금소득주도·자본소 득주도 중 어느 정책을 선택할 것인지 어떻게 판단해야 할까. 결 국 두 정책 중 '어느 것이 총수요를 더 많이 증가시킬 것인가'를 알아봐야 한다. 분수효과가 큰지 낙수효과가 큰지에 달려있다는 것이다. 〈표 19〉는 임금소득주도와 자본소득주도 성장정책의 정

표19 • **총수요(소득)주도형 경제성장 정책 비교**

	임금소득 주도	자본소득(이윤) 주도
소득	임금소득 인상	자본소득 인상
효과	분수효과	낙수효과
정책수단	최저임금 인상, 노동조합 단결권 강화, 사회복지체제 강화, 노동시 간 단축, 임금피크제 및 성과급제 폐지	법인세 인하, 규제완화, 노동시장 유연화
공급에 대한 영향	임금상승이 생산성을 증가시켜 생산 증가	투자의 이중성에 의하여 투자증가 는 자본증가로 이어져 생산 증가 (해로드-도마르 경제성장 모형)

자료: Lavoie & Stockhammer(2013)를 참고하여 수정·보완한 것임.

책수단, 파급과정을 비교해 정리한 것이다.

임금소득주도성장으로 분수효과를 만들려고 하는데, 그렇게 되면 문재인 정부의 혁신성장 정책과는 모순이 생긴다. 혁신은 결국 능력 있는 사람에게 더 많은 소득을 보장하는 것이다. 이들의 혁신성과가 생산성을 늘리고 경세성장을 일으키게 한다. 즉, 낙수효과로 성장과 분배가 일어나는 것이다. 따라서 임금소득주도성장정책이 지향하는 바와 모순이 생긴다.

소득주도성장 정책이 족보에 실리려면

소득주도성장 정책의 효과가 있으려면 다음과 같은 조건들이 성립되어야 한다.

첫째, 먼저 자본소득이 아닌 임금소득주도성장 정책이라고 인정해야 한다. 같은 소득주도라고 하지만 정책수단 선택은 정반대이기 때문이다. 물론 앞서 이야기했듯 총공급이 증가하면서 수요가 함께 증가하고, 결과적으로 소득까지 증가하면 이것도 소득주도라고 할 수도 있다.

이런 면에서 볼 때 수요가 증가하든 공급이 증가하든 '소득주도'에서 '소득'은 원인이 아닌 결과다. 결국 '주도'한다는 말의 의미 자체가 근본적으로 잘못된 것이다. 이러한 구분 없이 단순히 소득주도라고 한다면, 삼면등가의 원칙이라는 경제학 원론 수준에서 생산·지출·분배국민소득 용어를 계속 되풀이tautology하는 것에 다름없다는 비판을 면하기 어렵다. 더 흥미로운 것은 정부의 분배정책으로 노동소득이 증가할지라도 전체소득은 변화가 없다는 점이다.

둘째, 전제조건의 정당성이 확보되어야 한다. 노동소득분배율이 실제로 하락하는지에 대한 실증적 검토가 좀 더 명확하게 이루어져야 한다. 그리고 노동자와 자본가의 이분법적 논리에서 자영업자를 노동자와 자본가 중 어디로 구분할 것인지에 대한 공감대가 형성되어야 한다. 아니면 자영업자를 독립된 계층으로 분류해 독자적인 정책을 펼치는 것도 방법이다.

🔍 Zoom In **삼면등가의 원칙이란?**

국민소득은 만들어서(생산) 나누어 가지고(분배) 쓰는(지출) 양이 모두 같게 되는데 이를 가리켜 국민소득 삼면등가의 원칙이라 한다. 국민소득은 세 가지 다른 얼굴로 파악되는데 이를 생산·분배·지출국민소득이라 부르고 있다. 그러나 이러한 세 가지 국민소득은 그 크기가 똑같은데, 국민소득이 생산·분배·지출 과정을 통하여 순환하기 때문이다.

셋째, 노동소득 증가가 실질적인 총수요 증가로 나타나 경제성장까지 연결되는지 실증적인 검증이 이루어져야 한다. 특히 임금상승이 노동자들의 생산성 향상으로 이어지는지 아니면 오히려 생산성이 하락하는지 검증할 수 있어야 한다. 간단히 예를 들어, 모든 학생에게 100점을 주면서 공부를 더욱 열심히 할 것으로 기대하는 것과 같다. 반대로 열심히 하면 100점을 주겠다고 하는 것이 더욱 열심히 공부하게 할 수도 있다. 분수효과를 기대해 노동친화적 정책을 먼저 실시하는 경우, 이를 지원할 경제성장이 이뤄지지 않는다면 그 정책은 포퓰리즘이라는 비판을 피하기 어렵다.

넷째, 중요한 것은 이 정책이 실질적으로 효과가 있는지에 대해 이론적으로 설득력이 있어야 한다는 것이다. 소득주도성장론자들은 저소득층이 고소득층보다 평균소비성향이 높아 지출효과가 클 것이라고 가정하고 있다.

통계청이 평균소비성향을 발표한 가장 최근 자료인 〈표 20〉의 2016년 4분기 자료를 보자. 2인 이상 가구의 가구당 가계수지로 평균소비성향을 보면 1분위가 111.8%이고 5분위는 57.9%로 저소득층일수록 높은 값을 갖는 것은 사실이다. 그러나 가계지출액을 보면 다르다. 1분위 계층은 평균 150만 1,000원 정도를 지출하는 반면 5분위 계층의 평균 소비액은 547만 5,000원으로 4배 이

표20 • 평균소비성향과 총소비액

	전체가구	1분위	2분위	3분위	4분위	5분위
평균소비성향(%)	30.3	111.8	80.3	74	67.5	57.9
처분가능소득(만 원)	354.1	114.3	242.1	324.3	424	666.7
가계지출(만 원)	323.9	150.1	238	307.3	376.5	547.5

자료: 통계청, KOSIS 소득 5분위별 가구당 가계수지.

상 높다. 따라서 국가의 총소비에는 1분위보다 5분위 계층의 소비지출이 더 큰 영향을 미친다.

지금의 소득주도성장은 경제성장이론 족보에 오르기 어려울 것이다. 앞서 언급했듯 소득은 노동소득과 자본소득을 포함하고 있지만 두 소득을 증가시키기 위한 정책은 정반대다. 특히 소득주도성장 정책에는 노동가치설에 근거한 사회주의적 사고가 교묘하게 들어가 있다. 즉, 노동자는 가난한 계층이고 이들이 모든 부가가치를 만들 것이라는 것이다. 여기에 자영업자까지 노동자로 끌어들이고 있다. 그렇다고 자영업자의 최저임금도 보장해주지 못한다.

그러나 소득주도성장의 정책수단은 자본가와 자영업자가 대상이 아닌 순수 노동자계층에 대한 것이다. 따라서 소득이라고 함

은 어떤 소득인지 그리고 어느 계층을 대상으로 한 정책인지를
명확히 밝혀야 한다. 더욱 중요한 것은 이 정책이 단순 실험을 넘
어 정책적 효과가 있었는지에 대해 검증하는 것이다.

CHAPTER 3

임금인상에서
소외된 자들

임금이 상승하는 경우 실제 노동소득이 증가하는가는 노동자의 고용유지 여부에 따라 다르다. 고용 상태를 그대로 유지하고 있는 노동자의 노동소득은 당연히 증가한다. 그러나 노동자가 실직하면 이들의 노동소득은 없어진다. 여기서 중요한 것은 노동자소득과 국민소득은 다르다는 사실이다. 노동자 소득이 증가하는 것과 전체 국민소득이 증가하는 것은 다른 개념이다. 또한 모든 노동자 중에서도 임금노동자가 최저소득계층에 속하는 것도 아니다.

· · ·

임금소득과 국민소득 증가는 다르다

소득주도성장 정책의 대표적인 정책수단인 최저임금 인상 효과에 대해 흥미 있는 해석이 있다. 문재인 대통령은 2018년 5월 31일 국가재정전략회의에서 "1분기에 가구 소득 1분위(하위 20%)의 소득이 많이 감소한 것은 아픈 대목으로 당연히 대책이 필요하지만, (소득주도성장과 최저임금 인상의) 긍정적인 효과가 90%라고 생각한다. 더 분명한 것은 고용근로자들의 근로소득이 전반적으로 증가했고, 그 가운데 저임금근로자의 소득이 증가해 근로소득 불평등이 개선됐다는 점이다. 근로자는 모든 분위에서 소득이 증가했으나 근로자 외 가구의 소득감소가 가구 소득 격차 확대의 주요 원인이 된 것으로 분석된다. 고용근로자들의 근로소득 증가와 격차 완화, 중산층 가구의 소득증가는 2018년 최저임금 인상의 긍정적 효과"라고 말했다.

이는 자료를 임의대로 해석한 대표적인 경우다. 〈표 21〉을 예로 들어보자. 현재 경제1의 최저임금이 100이고 취업자가 1,000명이어서 실업자가 0이라고 하자. 이 경우 임금소득은 10만 원이고 취업자와 국민 1인당 소득이 100으로 같다. 이제 최저임금을 100에서 110으로 10% 인상했다고 하자. 이에 대해 취업자가 불변(경제2), 5% 감소(경제3) 그리고 10% 감소(경제4)한 경우를 가정하자. 만약

표21 • 임금상승과 임금 및 1인당 소득

	임금	취업자 감소	취업자	실업자	임금소득	취업자 1인당 소득	1인당 소득
경제1	100	-	1,000	0	100,000	100	100
경제2	110	0%	1,000	0	110,000	110	110
경제3	110	5%	950	50	104,500	110	104.5
경제4	110	10%	900	100	99,000	110	99

자료: 저자 작성.

최저임금 인상에도 불구하고 취업자의 변화가 없다면 취업자와 국민 1인당 소득이 모두 110으로 인상되어서 매우 이상적인 효과를 준다. 만약 취업자가 5% 감소하여 실업자가 50으로 늘어난다고 하자. 이 경우 취업자 1인당 소득은 110으로 증가하지만 1인당 소득은 이보다 적은 104.5로 증가한다. 문제는 취업자가 10% 감소하는 경우다. 이 경우 취업자 1인당 소득은 110으로 증가하지만, 국민 1인당 소득은 99로 오히려 하락하게 된다. 실업자는 100명 증가하고 이들의 임금소득은 0이기 때문이다.

문재인 대통령의 최저임금 인상 효과에 대한 발언은 '고용 상태를 유지하고 있는 취업자 1인당 소득'만을 보고 한 것이다. 의도적이든 아니든 실업자나 국민소득에 대한 최저임금 인상 효과에는 애써 눈 감은 결과가 되었다.

임금인상은 취업 노동자의 소득을 상승시킨다

최저임금을 올리면 취업자의 소득은 당연히 증가한다. 낮은 임금에서 임금이 인상되기 때문에 근로자 간 소득불평등은 당연히 개선될 수밖에 없다. 다만 이 해석에서 중요한 것은 임금인상이 일어나는 경우, 비용인상으로 낮은 임금을 받던 노동자 중 일부는 실직할 가능성이 있다는 점을 고려하지 않았다는 점이다. 실직한 노동자의 임금은 0이기 때문에 이들을 포함한 노동자 소득까지 고려해야 최저임금 인상의 노동자 소득에 대한 영향을 명확히 파악할 수 있다. 최저임금 인상으로 실업자가 된 노동자들의 임금변화를 고려하지 않는다면 결과는 어떻게 될까? 노동시장에 남아 있는 노동자 임금소득만을 비교한다면 최저임금의 효과를 과대평가하는 실수를 범할 것이다.

최저임금 인상은 노동자 간 소득분배를 개선하기도 한다. 물론 이건 국민 전체의 소득분배가 개선되는 것과는 다르다. 〈표 22〉는 통계청이 발표한 임금근로자 일자리 소득을 보여준다. 2018년 기준으로 임금근로자의 월 평균소득은 297만 원으로 2017년 287만 원보다 3.4% 증가했다. 그리고 2017년 소득이 2016년에 비해 3.5% 증가한 것과 유사하다. 중위소득도 2018년 220만 원으로 전년 대비 10만 원 늘어 4.6% 증가하였다.

표22 • 임금근로자의 소득변화 추이

	2016	2017	2018
평균소득(만 원, %)	277	287(3.5)	297(3.4)
중위소득(만 원, %)	203	210(3.8)	220(4.6)
빈곤층(%)	20.3	20.8	20.4
중산층(%)	48.2	47.8	49
상류층(%)	31.5	31.4	30.6
85~150만 원(%)	52.1	32.7	27.5
150~350만 원(%)	39.7	40	44.3
350~550만 원(%)	5.8	6	6.1
550~800만 원(%)	7.4	8	8.3
800만 원 이상(%)	3.9	4.2	4.5

주: 1) 근로소득 중 비과세소득을 제외하고 받은 보수임.　　　　　자료: 통계청(2019.1.29.; 2020.1.21.).
　　2) 중산층은 중위소득 기준으로 50~150% 계층이고, 빈
　　　곤층은 중위소득 50% 이하이고, 상위층은 중위소득
　　　150% 이상인 계층임.
　　3) ( )는 전년 대비 증가율임.

　　계층별로 볼 때 2018년 기준 중산층 비중이 49.0%로 2017년
에 비해 1.2%포인트가 증가했으나, 상류층은 30.6%로 0.8%포인
트 그리고 빈곤층은 0.4%포인트가 하락했다. 그러나 2016년과
비교하면 상류층은 하락했지만, 빈곤층은 20.3%에 비해 0.1%포
인트가 증가했음을 알 수 있다. 평균소득은 10만 원 증가로 2018
년의 증가와 같다. 소득구간별로 보면, 85~150만 원 미만 구간은
2017년 32.7%에서 2018년 27.5%로 감소하였다. 반면 150~350

만 원 미만 구간이 44.3%, 550~800만 원 미만이 8.3%, 800만 원 이상이 4.5%로 증가한 데서 임금근로자의 소득 상승과 분배개선이 이루어진 걸 알 수 있다.

모든 국민의 소득을 향상시키는 것은 아니다

최저임금 인상이 '취업상태를 유지하고 있는 노동자의 소득'을 인상하는 것은 확실하다. 그러나 모든 국민을 고려할 때 소득이 낮은 저소득층의 소득 인상은 보장하지 않는다. 이는 최저임금 인상이 소득분배를 항상 개선시키는 것은 아님을 시사한다.

〈표 23〉은 2019년 4/4분기 기준 균등화 처분가능소득의 분위별 추이를 보여준다. 월평균 소득은 246만 원으로 전년 동기 대비 3.7% 증가했다. 분위별로 보면 1분위가 86.8만 원이었고, 5분위는 456.7만 원으로 각각 5.4%와 1.3% 증가했다. 반면 임금수준에 의존하는 근로소득을 보면 전체는 195만 원으로 전년 동기 대비 6.0% 증가했다. 그러나 분위별로 보면 1분위는 39만 원으로 2.2% 감소했다. 반면 5분위는 385.1만 원으로 2.1% 증가하여 오히려 1분위와의 격차가 더욱 벌어졌다.

〈표 22〉와 〈표 23〉을 종합하면 임금인상에 의한 것인지는 검증되지 않았지만 취업노동자의 임금소득이 증가한 것을 알 수 있

표23 ● **균등화 처분가능소득 5분위별 가계소득(2019년 4/4분기)**

단위: 만 원(%)

	전체	1분위	2분위	3분위	4분위	5분위
처분가능소득	246.5(3.7)	86.8(5.4)	166.9(4.6)	224.2(4.3)	297.6(5.9)	456.7(1.3)
근로소득	195.0(6.0)	39.0(-2.2)	126.0(8.1)	172.6(6.4)	252.1(12.6)	385.1(2.1)
사업소득	52.2(-2.3)	23.3(28.8)	33.8(-0.2)	48.9(-2.2)	52.6(-11.8)	102.5(-2.9)
재산소득	1.2(14.4)	0.5(-18.6)	1.0(78.1)	0.7(-3.8)	0.6(-28.1)	3.0(30.9)
공적이전소득	19.6(7.4)	24.2(9.6)	19.1(11.5)	17.6(2.9)	16.1(4.3)	20.9(7.6)
사적이전소득	9.2(-1.7)	8.0(1.3)	5.6(-25.2)	8.5(5.3)	11.6(-11.2)	12.4(19.2)
공적이전지출	30.8(8.7)	8.7(34.7)	18.4(16.8)	24.2(3.7)	35.5(10.7)	67.1(4.9)

주: 1) 균등화 처분가능소득: 가구의 처분가능소득　　　　　　자료: 통계청(2020.02.20.).
　　2) 공적이전소득: 공적연금, 기초연금, 사회수혜금, 세금환급금
　　3) 공적이전지출: 경상조세, 연금, 사회보험

다. 경제성장 효과일 수도 있다. 〈표 22〉에서 취업노동자의 임금소득은 2017년과 2018년에 각각 3.5%와 3.4%가 증가했다. 반면 〈표 23〉에서 소득분위 처분가능소득을 비교해보면 근로소득은 오히려 저소득계층인 1분위에서는 하락하고 있음(-2.2%)을 알 수 있다. 이는 소득주도성장 정책에 의한 임금을 인상했지만 실질적으로 하위계층의 소득증대에는 오히려 부정적인 영향을 주었다고 볼 수 있다.

　이러한 결과를 비교해보면 자신의 직업을 유지하고 있는 계층의 임금소득은 당연히 증가하는 것이 사실이다. 그러나 우리가 놓

치기 쉬운 건 임금인상 과정에서 나온 실직자나 기존 실업자의 임금소득에 대해 고려하지 않았다는 점이다. 2019년 기준으로 볼 때 실업자는 94만 2,000명인데 이들의 임금소득은 0이다.

그리고 비경제활동 인구(일할 수 있는 능력이 있으나 의사가 없거나 일할 능력이 안 되는 사람) 중에서 '그냥 쉬었음'이라고 답변한 사람이 209만 명이고 구직단념자도 48만 명에 이르렀다는 사실도 간과할 수 없다. 일할 능력이 있음에도 포기하고 있는 상태라고 할 수 있는데, 이들의 임금소득도 0이다. 따라서 임금인상에 의한 소득증대 효과를 제대로 파악하려면 취업상태인 노동자뿐 아니라 노동을 하고 싶어도 취업이 되지 않거나 실직 상태인 노동자까지 고려해야 한다. 그래야 임금인상이 노동자의 기득권 지키기가 아닌 양극화와 소득분배를 개선시키는 방향으로 추진되고 있다는 주장을 할 수 있다.

CHAPTER 4

자본가와 노동자 사이,
혼돈의 자영업자

소득주도성장 정책은 '임금 없는 성장'이라는 비판을 받고 있다. 여기서 가장 중요한 포인트는 노동소득분배율이다. 국민소득은 노동소득과 자본소득으로 나눌 수 있는데 노동소득분배율은 '국민소득에 대한 노동소득의 비중'이다. 한국에서의 노동소득분배율은 정의에 따라 상승하기도 하고, 하락하기도 한다. 하락 이유는 자영업자를 노동자로 분류해서 나온 결과이기에 자영업자에 대한 대책이 요구된다.

• • •

노동소득분배율 하락은 자영업자 때문이다?

〈그림 14〉는 한국은행이 발표하는 노동소득분배율의 장기적 추이를 보여준다. 이는 노동자의 피용자보수를 피용자보수와 기업 영업잉여의 합으로 나눈 값이다. 여기서는 자영업자를 노동자가 아닌 자본가로 가정하고 있다. 따라서 이 그래프는 순순히 노동자 소득의 전체 국민소득에 대한 비중을 보여주는 것이다. 이를 보면 노동자 소득은 장기적으로 증가 추이를 보인다.

그림14 • **노동소득분배율 추이**

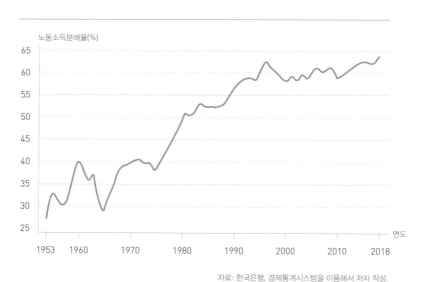

자료: 한국은행, 경제통계시스템을 이용해서 저자 작성.

최근 소득주도성장 정책을 옹호하는 학자들이 진행한 여러 연구에서는 자영업자 소득을 조정하여 노동자 소득에 합해 노동소득분배율을 정의한다. 이를 통해 '분배율이 하락한다'고 주장하면서 소득주도성장 정책의 정당성을 옹호하는데 이용하고 있다. 이러한 연구결과에도 불구하고 중요한 것은 노동자가 아닌 자영업자의 소득이 하락하면서 노동소득분배율이 하락했다는 사실이다.

이러한 문제점 때문에 한국은행은 2010~2017년 기간 자영업자의 혼합소득을 발표했다. 〈표 24〉는 혼합소득 비중과 노동소득분배율을 비교한 것이다. 앞서 논의한 것과 같이 노동소득분배율은 연도별 약간의 변동은 있지만 상승 추이에 있다. 자영업자의 혼합소득은 자영업자 본인의 노동소득과 자신의 영업활동을 통한 자본소득을 합한 것으로, 이는 실질적으로 분리하기 어렵다. 혼합소득을 보면 2010년 68조 원에서 2015년 64.5조 원까지

🔍 Zoom In **피용자보수**

생산요소인 노동, 자본, 경영을 제공하는 경제주체에 배분되는 소득 중에서 노동 제공자에게 돌아가는 소득이다. 현금·현물형태의 각종 급여와 고용주가 부담하는 사회보장기금, 연금기금 등이 포함된다.

표24 • **자영업자 소득변화 추이**

연도	혼합소득 (조 원)	요소국민소득 (조 원)	비중 (%)	노동소득분배율 (%)
2010	68	953.7	7.1	58.9
2011	66.1	1,002.80	6.6	59.8
2012	65.5	1,041.60	6.3	60.4
2013	65.2	1,086.70	6	61.1
2014	64.8	1,128.90	5.7	62.1
2015	64.5	1,196.90	5.4	62.6
2016	65.9	1,267.00	5.2	62.5
2017	67	1,326.50	5.1	62

주: 요소국민소득은 피용자보수와 영업잉여(기업 및 재산소득)의 합임.
자료: 한국은행, 경제통계시스템(https://ecos.bok.or.kr/flex/EasySearch.jsp, 검색일 2020.04.25.).

하락했으나, 이후 상승하여 2017년 67조 원이었다. 국민총소득에 대한 비중으로 보면 2010년 7.1%에서 지속적으로 하락하여 2017년에 5.1%에 불과했다.

노동소득분배율 하락, 진실이 되기 위한 전제는?

소득주도성장론자들은 노동소득과 가계소득 비중이 하락하고 있어 지속가능한 경제성장이 어렵다고 주장한다. 먼저 이러한 주장이 실질적으로 타당한가에 대한 검증이 필요하다.

첫째, 1997년 외환위기 이후 노동생산성 향상에 비해 노동자 실질임금이 증가하지 못하는 '임금 없는 성장'이 일어나고 있다는 주장이다. 즉, 경제성장의 성과를 가계와 기업이 공평하게 가져가지 못했다고 주장한다. 실질적으로 이러한 현상이 발생하고 있는가에 대해서 최근 많은 논쟁이 벌어지고 있다.

먼저 박종규(당시 금융연구원 선임연구원, 2013)의 주장을 살펴보자. 1998년부터 2003년까지 분석을 보면 GDP는 연평균 3.2% 증가하고 노동생산성은 3.0% 증가했지만, 실질임금은 1.3% 증가하는 데 그쳤다. 즉, 근로자들은 경제성장에 이바지한 만큼 소득을 받지 못했다는 것이다. 이에 대한 반박으로 박정수(서강대 경제학과 교수, 2019)는 상용직 명목임금을 생산자 물가지수로 환산하면 생산성을 웃도는 실질임금 인상이 나타났다고 주장했다. '임금 없는 성장'의 진실성에 대한 논쟁은 자료의 사용 범위, 물가지수 선택, 자영업자 소득 구분 등에 의해 다양하게 나타나고 있음을 보여준다.

이러한 논쟁에도 불구하고 중요한 것은 따로 있다. 노동소득분배율이 하락하는 가장 큰 이유는 노동자가 아닌 자영업자의 소득 비중이 하락하기 때문이라는 점이다(주상영·전수민, 2019). 이는 자영업자 수의 하락이나 이들의 소득이 하락해서 나타나는 것이다. 그러나 자영업자는 일반 노동자와 다르게 자신의 소득을 노동소

그림15 ● 처분가능소득(GNDI)의 제도부문별 소득분배

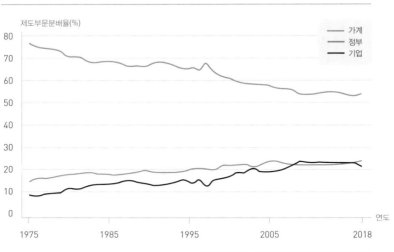

자료: 한국은행, 경제통계시스템을 이용해서 저자 작성.

득과 자본소득으로 명확히 구분하기 어렵다는 특징을 가지고 있다. 따라서 노동자와 자본가라는 이분법이 아니라 독립된 계층으로 분류해서 논의해야 한다. 이들이 노동자의 관점에서 최저임금을 받지 못하면 어떻게 될 것인지, 아니면 자본가의 관점에서 차입금에 대한 이자도 갚지 못하고 사업을 접는 경우는 어찌할 것인지 등에 대한 논의가 필요하다.

　둘째, 경제성장 성과를 가계가 상대적으로 덜 가져가고 있어서 수요증가가 경제성장으로 제대로 연계되지 못하고 있다는 주장이다. 〈그림 15〉의 제도부문별 소득분배 추이를 보자. 가계, 기업, 정부의 소득분배 추이를 보면 가계소득 비중은 지속해서 하락하고 있으나 정부소득과 기업소득 비중은 상승하는 추이를 보여준다. 이러한 추이를 보고 소득주도성장론자들은 경제성장 과정에서의 과실을 기업보다 가계가 덜 가져간다고 주장한다. 가계소득이 상대적으로 늘어나지 않아 이들의 수요가 함께 증가하지 못하면서 경제성장도 지속되지 못했다고 진단한다. 그러나 이들은 가계소득의 상당 부분을 정부가 가져가고 있다는 측면을 어떻게 해석해야 하는지 설명할 수 있어야 할 것이다. 특히 소득주도라고 하면서 왜 가계소득만 강조하고 있는지에 대한 해명도 필요하다.

노동자 대책보다 중요한 것은 자영업자 대책

앞서 살펴봤듯 노동소득분배율 하락의 중요한 원인은 자영업자 소득 비중의 하락 때문이다. 따라서 노동자 소득보다 자영업자 소득을 증가시킬 방안을 찾아야 한다. 자영업자를 자본가로 보고 고소득층으로 구분하거나 자영업자의 영업이익만 볼 것이 아니라 노동자로서의 소득, 즉 최소한 최저임금 수준의 임금을 받고 있는지 살펴볼 필요가 있다. 노동자와 자본가라는 이분법적인 분류에서 벗어나 자영업자는 독립적인 계층으로 인정하고 이들에

표25 · **자영업자 추이**

단위: 천 명

취업자	취업자	비임금근로자			
		자영업자			무급 가족 종사자
		고용원 있는 자영업자	고용원 없는 자영업자	비중 (%)	
2015	26,178(281)	1,609(29)	4,013(-126)	21.5	1,153(-66)
2016	26,409(231)	1,584(-25)	4,030(17)	21.3	1,126(-27)
2017	26,725(316)	1,608(24)	4,074(44)	21.3	1,110(-17)
2018	26,822(97)	1,651(43)	3,987(-87)	21	1,101(-9)
2019	27,123(301)	1,538(-114)	4,068(81)	20.7	1,077(-24)

주: ( )는 전년 대비 증감수임.
자료: 통계청(2020.01.15.).

대한 독자적인 정책을 마련하는 것이 현실적이다.

자영업자는 근로자를 고용하지 않거나 1인 이상 고용하여 사업하는 사람을 말한다. OECD는 여기에 가족이나 친인척 중 무급으로 근무하는 무급가족종사자도 포함한다. 이들을 모두 합해서 비임금근로자라고 부른다. 〈표 25〉는 통계청이 발표하는 2015년 이후 취업자와 자영업자 추이를 보여준다.

먼저 임금근로자와 비임금근로자의 합으로 정의되는 전체 취업자를 보자. 2018년을 제외하면 매해 30만 명 내외가 증가하고 있다. 다만 2019년은 약 30만 명이 증가했지만 이는 2018년 증가 인원이 너무 적은 데서 온 기저효과라고 볼 수 있다. 한국경제의 일자리 창출 여력이 감소하고 있는 현실을 보여준다고 할 수 있다. 자영업자도 감소하는 추이를 보여준다. 취업자 대비 자영업자 비중은 2015년 21.5%에서 2019년 20.7%로 감소했지만 여전히 높은 편이다. OECD 기준으로 보면 2015년 25.9%에서 2019년 24.6%로 감소하긴 했으나, 2017년 기준으로 볼 때 OECD 국가 중 5위에 해당한다.

자영업자 내에서도 일자리 변화가 있음을 알 수 있다. 2015년 기준으로 고용원 있는 자영업자는 2만 9,000명 증가한 반면, 고용원 없는 자영업자는 12만 6,000명이 감소했다. 그러나 2019년에는 고용원 있는 자영업자가 11만 4,000명 감소한 반면, 고용원 없는 자영업자는 8만 1,000명이 증가해 대조를 보인다. 고용원 있는 자영업자 감소는 자신이 직접 경영을 택한 것이다. 따라서 이들의 어려움이 가중되고 있음을 반영한다.

한국의 자영업자 추이를 볼 때 문제점은 두 가지다. 첫 번째는 '전체 취업자 중 자영업자의 비중이 높은 이유가 무엇인가' 하는 점이고, 두 번째는 '자영업자 중 고용원 있는 자영업자는 감소하고 고용원 없는 자영업자가 증가했다'는 점이다(2019년 기준).

이러한 문제의 가장 중요한 이유로 문재인 정부의 소득주도성장 정책을 들 수 있다. 정부 출범 이후 급격한 최저임금 인상과 경직적

표26 • **자영업자 대출금 증감 추이**

	2015	2016	2017	2018	2019
계	11.5(1.2)	-0.9(-0.1)	15.0(1.4)	14.3(6.6)	24.1(7.7)
서비스업	13.4(2.6)	12.7(2.3)	14.7(2.4)	17.3(9.5)	22.7(9.6)
도·소매 숙박 및 음식업	2.3(1.5)	2.1(1.3)	2.3(1.3)	3.9(10.7)	6.7(13.3)
도·소매업	1.4(1.3)	0.4(0.3)	1.3(1.0)	2.8(10.7)	5.1(14.2)
숙박 및 음식업	0.9(2.2)	1.7(3.9)	1.0(2.0)	1.0(10.5)	1.6(10.9)

주: 4분기 말 기준임. ( )는 전년 대비 증감율임.
자료: 한국은행(2017.03.06.; 2018.03.02.; 2019.03.06.; 2020.03.04.).

인 주 52시간 노동정책 시행이 치명적인 영향을 준 것이다. 이러한 현상은 2018년 이후 자영업자의 대출 추이가 급증하고 있는데서 알 수 있다. 〈표 26〉은 한국은행이 발표한 예금취급기관의 산업별 대출추이 중 자영업자가 제일 많을 것으로 보이는 도·소매 숙박 및 음식업 분야에 대해 정리한 것이다.

전체 대출액의 증감 추이를 보면 2015년 전년 대비 1.2%(11.5조 원)가 증가했으나 2018년부터는 6.6% 증가했고, 2019년에는 7.7% 증가하여 전체 대출의 증가폭이 커지고 있다. 서비스업의 대출 증가폭은 더욱 커져 2015년 전년 대비 2.6%(13.4조 원) 증가했으나 2018년과 2019년은 각각 17.3조 원과 22.7조 원씩 늘었다. 이는 전년 대비 각각 9.5%와 9.6%가 증가한 것이다. 서비스업 중에서도 자영업자로 분류될 수 있는 도·소매 숙박 및 음식업의 대출 증가폭은 더욱 크다. 2018년부터 이 산업 부문의 대출 증가율은 10%대로 가파르게 올랐다. 2017년까지 1%대 증가율을 보인 것에 비하면 매우 높은 수치다. 결국 경제침체와 최저임금 인상 등의 전반적인 상황에 가장 영향을 많이 받는 자영업자들이 대출로 사업을 지탱하고 있다는 것을 알 수 있다.

소득주도성장 정책에 의한 친노동자 정책은 자본가이면서 노동자 역할을 하는 자영업자의 어려움을 가중시키는 역할을 했다. 특히 자신이 대출 받아 사업하며 직접 노동을 하는 자영업자는 사업에 의한 노동자 소득을 보장받을 수 없다. 사업이 잘 되지 않아 최저임금 수준의 소득을 얻지 못하더라도 아무런 법적 보호를 받을 수 없다는 것이다. '최저임금법'에 의하면 사업자가 법적인 책임을 져야 하지만, 자영업자는 자신이 바로 사업 책임자이기 때문이다. 이러한 점 때문에 소득주도성장을 비롯한 노동자 위주의 정책을 실시함에 있어 자영업자의 입장을 고려해야 한다.

경제침체 등으로 자영업자가 어려움에 직면할 때마다 정부는 다양한 지원정책을 발표한다. 예를 들어 코로나19 사태에 대한 주요 대책을 보면 재난지역 중소기업 소득세·법인세 30~60% 감면, 신용·체크카드 등에 대한 소득공제율을 기존 15~30%에서 80%로 확대, 자영업자 종합소득세·개인지방소득세 납부기한 3개월 연장 등이다. 그러나 이러한 정책은 자영업자에게 실질적인 소득증대 효과를 주지 못한다. 세금 납부기한을 연장해주는 정책을 보자. 사업이 부진하여 영업이윤이 충분하지 못한 자영업자 입장에서는 세금납부액이 없으므로 실질적인 도움이 아니다. 채무상환을 연기해주는 것도 동일하다. 당장 납부 부담을 연기한다는 의미지 실질적으로 부담을 낮춰주는 것은 아니기 때문이다.

결국 자영업자의 노동자적인 측면을 좀 더 많이 고려해주는 정책이 필요하다. 예를 들어 자영업자와 같은 개인사업자들에게도 근로자처럼 의료, 교육, 월세 등의 세액공제가 가능하도록 세제개편이 이루어져야 한다.

물론 현재 조세제도 하에서도 사업자가 성실신고대상에 해당되는 경우 '조세특례법'에 따라 의료비 및 교육비의 세액공제는 가능하다. 하지만 이 제도를 모든 자영업자에게 공통적으로 적용할 수 있게 정비할 필요가 있다.

마지막으로, 자영업에 종사하는 근로자들은 실업급여를 상시 이용하기 위하여 근로와 실직을 반복적으로 실행하는 사례가 많이 나타나고 있다. 특히 자영업처럼 노동공급이 비탄력적인 업종은 국가의 보조금 지급으로 자발적 실업이 빈번하게 발생하는 문제가 나타나고 있다. 그리고 사업주의 소득금액 계산시 자본이자비용, 월세비용, 인건비, 4대 보험 사업주 부담분 등이 필요경비로 인정되긴 하지만, 원가상승의 전반적인 전가로 이익을 창출하기가 쉽지 않은 구조라 필요경비 인정범위를 현실화할 필요가 있다.

CHAPTER 5

21C 기업, 이윤극대화
그 이상의 가치를 위해

기업가정신은 기업의 목적인 이윤극대화를 추구하기 위하여 기업가가 갖추어야 할 기본적인 정신을 의미한다. 이는 산업혁명 이후 자본주의 발전에 핵심적인 역할을 했다. 최근에는 단순한 이윤극대화에서 더 나아가, 기업과 연관된 여러 경제 주체들과의 공존을 추구하기 위한 사회적 책임이 강조되고 있다. 기업가정신이 단순한 이윤추구 목적에 국한되지 않는 것이다. 한국에서는 반기업가 정서를 극복하면서 기업가정신을 더욱 강화시키기 위한 노력이 필요하다.

. . .

기업가정신이란?

기업가정신과 관련하여 가장 많이 인용되는 것이 조지프 슘페터가 제창한 '기술혁신을 통한 창조적 파괴creative destruction'를 선도하는 기업가 이야기다. 그는 기업가정신에 의한 기술혁신innovation은 자본주의 발전에 매우 중요한 요소라고 보았다. 즉, 기업은 혁신을 통해 시장에서 독점적 지위를 얻고 독점이윤을 얻게 되면서 성장한다. 이러한 혁신이 지속되지 못하고 멈추면 그 경제는 불황에 직면하게 된다고 주장하였다.

그렇지만 최근 자본주의 체제에 대한 개념이 바뀌면서 기업가정신의 범위와 역할에 대한 요구가 더욱 커지고 있다. 주주 자본주의에서 이해관계자 자본주의로 확대돼가면서 단순히 창조적 파괴를 통한 혁신 선도자라는 역할보다 더 넓은 의미의 기업가정신이 요구되고 있다. 이윤이나 주주 이익 차원을 넘어 소비자 및 지역 등과 공존하는 사회적 책임도 고려하는 기업가정신을 강조하는 것이다.

기업가정신과 혁신

한국의 기업가정신 정도를 알아보기 위하여 〈표 27〉의 세계기업가정신발전기구GEDI가 발표하는 글로벌기업가정신지수GEI를

표27 • 한국의 글로벌 기업가정신 지수 추이

단위: %

2015년			2018년		
순위	국가	지수 값	순위	국가	지수 값
1	미국	85	1	미국	83.6
2	캐나다	81.5	2	스위스	80.4
3	호주	77.6	3	캐나다	79.2
4	영국	72.7	4	영국	77.8
5	스웨덴	77.1	5	호주	75.5
6	덴마크	71.4	6	덴마크	74.3
7	아이슬란드	70.4	7	아이슬란드	74.2
8	대만	39.1	8	아일랜드	73.7
9	스위스	98.6	9	스웨덴	73.1
10	싱가포르	68.1	10	프랑스	68.5
⋮			⋮		
28	한국	54.1	24	한국	54.2
국가 수	130		137		

자료: 박현성(2017), Ács et al.(2017).

보자. 2015년과 2018년을 보면 한국은 각각 28위와 24위를 차지하고 있다. 이 순위는 1인당 국민소득 수준에 의한 경제발전단계와 유사한 수준이라고 볼 수 있다. 두 연도에서 미국이 지속적으로 1위를 하고 있고, 스위스가 2015년에 비해 7계단 상승하여 2위를 기록했다. 대체로 선진국에 속하는 국가들이 상위에 있으며, 기업가정신이 경제발전에 중요한 역할을 하고 있다는 걸 보여준다. 반면 아시아권 국가 중에선 대만과 싱가포르가 2015년 10위 안에 들었고 2018년 들어서는 모두 10위 밖으로 밀려났지만 여전히 홍콩(12), 대만(18)은 한국보다 높은 순위를 차지하고 있다.

'반기업' 아닌 '반기업가' 정서 팽배한 한국

한국에서 기업, 특히 대기업에 대한 인식이 좋지 않은 것은 어제오늘의 문제가 아니다. 그렇지만 대학생들이 일하고 싶은 기업을 꼽은 결과를 보면 상위 5위권이 모두 대기업이다. 〈표 28〉은 인크루트가 조사한 '대학생이 일하고 싶은 기업 순위'다. 2012~2019년 기간 중 삼성전자는 2012년 1위에서 2019년 3위로 떨어졌지만, 여전히 가장 선호하는 기업 중 하나다. 그리고 2019년에는 네이버가 1위를 차지해 최근 경제환경의 변화를 반영하고 있다.

인크루트는 대학생들이 기업을 선택하는 중요한 이유를 크게 네 가지로 나눠 제시하고 있다. 관심업종, 우수한 복리후생, 성장 가능성과 비전, 만족스러운 급여와 보상제도다. 특히 가장 중요하다고 여기는 것은 급여와 우수한 복리후생으로 대부분 조사에서 상위 순위에 있다. 대학생들의 선호 기업에서 볼 수 있듯, 반기업 정서나 반기업가 정서가 회사를 선택하는 데 실질적이고 중요한

순위	2012	2014	2016	2018	2019
1	삼성전자	대한항공	네이버	CJ	네이버
2	KB국민은행	삼성전자	CJ 제일제당	네이버	CJ ENM
3	대한항공	KB 국민은행	아모레퍼시픽	삼성전자	삼성전자
4	CJ 제일제당	아모레퍼시픽	삼성전자	한국전력공사	SK하이닉스
5	한국전력공사	CJ 제일제당	국민건강보험	인천국제공항공사	대한항공

자료: 인크루트.

요인으로 작용하는 것은 아니다. 그렇지만 사회적으로 반기업가 정서는 매우 강하다. 가장 중요한 이유로 들 수 있는 것이 '자본가의 소득이 너무 높다'거나 '소수 재벌 총수들의 경영 지배력이 자기 보유 지분에 비해 지나치게 강하다'는 점이다. 이러한 정서를 더욱 부추기는 원인으로 재벌 2~3세들의 비상식적 행동에 의한 오너 리스크owner risk도 있다.

대표적으로 화제가 되었던 반기업가 정서의 출발점은 삼성의 에버랜드 전환사채에 의한 편법증여 의혹 사건이다. 1996년 삼성 에버랜드는 전환사채(CB) 125억 4,000주를 주당 7,700원에 발행 했다. 당시 삼성전자 등 법인 주주들이 전환사채 인수를 포기하자 이재용 남매가 모두 인수했고, 이재용은 에버랜드 최대 주주가 됐 다. 이를 통해 '에버랜드–삼성생명–삼성전자–삼성카드–에버랜드' 순환출자가 완성되면서 이재용은 약 100억 원 만으로 삼성그룹을 지배하게 되었다.

이 사건은 '헐값으로 전환사채를 발행한 편법증여' 비판을 받으면서 검찰에 고발되었으나 결국 13년만인 2009년 무죄로 판결이 났다. 그러나 그에 상관없이 편법증여라는 비판은 피할 수 없었으며 상속에 대한 국민의 비판적 인식은 더욱 강해졌다. 이후에도 현대를 비롯한 재벌 기업 2~3세들에 대한 편법증여 논란은 계속되었다. 더욱이 이들이 일으킨 폭력 사건, 땅콩회항, 마약 등 반사회적 일탈은 반기업가 정서를 더욱 심화시켰다.

시장중심 제도로 변화해야 혁신생태계 가능

반기업 혹은 반기업가 정서와 별도로 한국경제의 혁신능력이 감소하고 있는 것은 사실이다. 경제 역동성이 지속해서 하락하는 건 결국 기업가정신에 의한 혁신동력이 하락하는 것과 관계가 깊다. 혁신동력을 끌어올리고 지속가능한 경제발전을 하기 위해서는 기업들 스스로가 반기업가 정서를 완화시키려는 노력을 해야 한다. 그리고 여기에 더해 산업 간 혁신생태계가 더욱 효율적으로 형성될 수 있도록 정부의 제도 혁신 노력도 필요하다.

우리는 혁신을 위한 R&D투자액이나 GDP 대비 R&D 비중,

그 결과 출원되는 특허건수는 세계 정상급이다. 그러나 이러한 혁신투자의 결과가 산업생산으로 연결되지 못하는, 즉 '생태계가 약하다'는 것이 한국경제의 현실이다. 기업가정신은 충분한데 규제 등 제도적 요인에 의해 혁신결과가 산업화로 연결되는 데 한계를 보인다.

한국에서 경제개발 초기 창업주들이 보여준 기업가정신은 기술혁신 측면보다는 시장을 개척하는 도전정신과 열심히 일하는 근면성에서 찾을 수 있다. 이병철, 정주영 등 한국의 1세대 기업가들은 도전정신을 강조하면서 저돌적인 해외시장 개척, 투철한 국가관과 국가 인프라 구축에 공헌, 고용 확대, 값싸고 질 좋은 상품 개발과 공급 등에 앞장섰다. 반면 어느 정도 경제발전 단계에 도달한 현재 한국경제에서 2~3세들의 기업가정신은 창업세대의 기업가정신과 달라야 한다. 단순한 노동력 투입에서 더 나아가 치열한 혁신을 추구하는 정신이 필요한 것이다.

무엇보다 제도의 변화가 필요하다

기업가정신이 충분히 발휘되고 신규 산업이 등장할 수 있는 제도 환경이 글로벌 기준으로 이루어져야 한다. 모든 국가가 같은 노동, 자본, 기술을 투입하더라도 같은 수준의 경제성장을 달성할 수 없는 것은 제도 때문인 경우가 많다. 즉, 생산요소를 생산과정에 효율적으로 투입하여 생산수준을 높이도록 하는 제도와 기업환경이 조성되어야 한다.

먼저 한국에서 부의 축적에 대한 정당성이 확보되어야 한다. 선진국으로 진입하는 단계의 한국은 아직도 '무전유죄 유전무죄'라는 용어가 입에 오르내린다. 이런 후진국형 사회적 정의social justice 수준을 극복해야 한다. 기업의 2~3세들도 선진국형 노블레스 오블리주nobless oblige를 생활화해야 한다. 부의 축적이 일반 국민으로부터 존중받을 수 있도록 더욱 노력해야 한다.

둘째, 기업가정신을 발휘할 수 있게 하려면 기업의 재정 부담을 국제 표준으로 변화시켜주어야 한다. 기업에 직접적인 부담이 되는 것 중 법인세 / 상속세와 같은 법정 세금이 있다. 그리고 그 외에 준조세 형식의 사회보험료와 비자발적 기부금 등이 있다. 물론 이런 제도 변화가 가능하게 하려면 부의 축적에 대한 정당성을 인정받아야 하는 것이 전제조건이다. 이러한 사회적 분위기가 무르익을 때 기업에 대한 규제완화, 상속세, 증여세 등 비합리적인 제도 혁신에 대한 국민적 지지를 받을 수 있을 것이다.

셋째, 규제 시스템의 근본적 변화가 필요하다. 앞서 논의하였듯이 포지티브 시스템으로 되어 있는 법 구조를 네거티브 시스템으로 바꾸어야 한다. 4차 산업혁명 시대에 대비하여 도전과 기업가정신에 의해 새로운 산업이 탄생하는 경우 포지티브 시스템에서는 이 산업을 수용할 수 없다. 새로운 산업과 품목을 수용하려면 법령 개정이 필요하다. 이를 위해 먼저 국회에서 법률이 통과되어야 한다. 제도가 마련되어 있다 하더라도 구체적으로 들어가면 정부의 허가를 받기 어려운 경우가 많다. 전례를 중시하는 관료집단은 인허가를 내주는 것을 꺼리기 때문이다.

현재와 같은 포지티브 규제 시스템을 개선하지 않는다면 한시급히 새로운 사업에 종사하려는 사람들이 창의력을 발휘하기 어렵게 된다. 그리고 새로운 사업을 시작하는 기간이 지체됨으로써 비용부담이 커지는 문제점을 낳고, 심지어 국제 경쟁에서 기회를 빼앗기는 결과로 이어질 수 있다.

CHAPTER 6

낙수효과 vs 분수효과

낙수효과는 전통적인 경제성장이론에서 경제적 성과가 경제 전체에 얼마나 영향을 미치는가에 대해 보여주는 것이다. 물이 높은 곳에서 낮은 곳으로 흐르는 원리와 같다. 경제성장 과정에서 성과인 낙수가 분배될 수 있고, 정부의 조세수입이 사회복지정책으로 재분배되면서 소득분배가 개선될 수도 있다. 물론 이 과정이 분배개선 효과로 나타나지 않는다면 지속가능한 발전을 유지할 수 없다. 반면에 분수효과는 저소득층에 대한 소득분배를 먼저 하자는 주장이다. 이는 저소득층의 소득증가 및 소비증가로 이어지고 노동자의 생산성이 상승하여 경제성장이 이루어진다는 것이다.

・ ・ ・

성장이냐 분배냐

전통적 주류경제학은 '경제성장이 시장에서 이뤄지고 그 성과
가 낙수효과를 통해 (소득)재분배된다'고 보았다. 소득주도성장 정
책 주창자들은 정반대로 저소득층에 대한 분배를 먼저 하면 이를
통해 경제성장이 나타난다고 주장하고 있다.

낙수효과는 시장에서 성과를 창출하는 역할을 한 경제주체에
게 먼저 경제성과가 분배된다. 낙수효과에 의한 성과는 전후방 산
업 간 연관효과를 통해 다른 산업발전에 영향을 주게 된다. 그리
고 성과 중 일부분은 정부에 조세로 납부되고, 이는 사회복지정
책을 통해 저소득층 소득으로 흘러 소득분배가 개선된다. 물론 성
과가 다른 경제주체에 공정하게 분배되지 않으면 낙수효과는 사
라지게 된다. 공정한 시장이 형성되지 않거나, 지배계층의 부정부
패로 정부 재정수입이 공정하게 분배되지 않을 때 그렇다.

분수효과는 저소득층이나 저성과 기업에 대한 소득분배를 통
해 분배개선이 이루어지면, 이들의 소득이 증가하면서 총수요와
생산성이 향상하여 경제성장이 이루어진다는 논리다. 이 정책도
기대와 다르게 나타날 수 있다. 소득분배 정책을 먼저 실시하는

경우 지출증가가 경제성장으로 연계되지 않을 수 있다. 이 경우 분배정책은 포퓰리즘 정책이라는 비판을 받을 수 있다. 남미 아르헨티나의 페론주의나 베네수엘라의 무상복지 정책은 오히려 경제주체의 노동의욕을 감퇴시켰다. 이는 경제성장으로 연결되지 않았고, 기대한 효과를 얻을 수 없었다.

낙수의 원천은 어디에서 오는가?

'낙수효과가 존재하는가'라는 질문에 대해 제기할 수 있는 두 가지 논점이 있다. 낙수의 원천인 재정이 어디에서 오는가, 그리고 낙수효과의 의미가 무엇인가다.

경제가 성장하면 당연히 낙수의 원천이 생긴다. 이는 생산과정에서 경제주체 간에 분배되거나 소득세 혹은 법인세 형태로 정부에 납부된다. 물론 고소득층에 의한 기부금처럼 민간부문에서 나타나는 형태도 포함된다. 〈표 29〉는 종합소득세 및 근로소득세 납부 현황을 보여준다. 종합소득세, 근로소득세는 대표적인 낙수의 원천이다. 종합소득세를 보면 신고인원은 2018년 691만 명으로 2015년 548만 명에 비해 143만 명이 증가했다. 신고세액은 2018년 약 32조 원으로 2015년의 약 23조 8,000억 원에 비해 약 8조 원이 증가했고, 2017년의 약 30조 원에 비해선 2조 원(7.0%)

표29 • **종합 및 근로소득세 납부 현황**

단위: 천억 원, 만 명

구분		2015	2016	2017	2018
종합소득세	신고인원	548.3	587.5	639.4	691.1
	과세표준	1,347.6	1,466.10	1,681.60	1,786.90
	신고세액	237.9	259	299.4	320.3
근로소득세	신고인원	1,733	1,774	1,801	1,858
	면세자(%)	46.8	43.6	41	38.9

자료: 국세청(2019.12.27.).

이 증가하였다. 근로소득세를 보면 2018년 기준으로 신고 근로자
는 1,858만 명이며 2015년 1,733만 명에 비해 189만 명이 증가하
였다. 다만 결정세액이 0인 과세미달자 근로자의 비율은 2018년
38.9%로 2017년 41.0%에 비해 2.1%포인트 감소하였다. 근로소득
세 차원에서 보면 정부의 지출을 지원하는 낙수는 2018년 기준으
로 38.9%를 제외한 61.1%에서 나오고 있다는 것을 알 수 있다.

그렇다면 법인세와 종합소득세를 부담하는 계층은 누구인가?
〈표 30〉은 2018년 기준으로 법인세 분위별 신고현황 및 점유비
율을 보여준다. 전체적으로 볼 때 상위 5% 기업의 소득(적자는 제
외)에 의한 세금납부액이 전체법인세 수입의 48.4%에 달한다. 특
히 전체 신고법인(74만 215개)의 상위 1%인 7,402개 법인의 소득

표30 • 2018년 분위별 법인세 신고

단위: 조 원(%)

	신고법인수	소득금액	과세표준	총부담세액
상위 1%	7,402	273.6(71.2)	254.2(72.6)	48.2(78.4)
상위 2%	7,402	18.9(4.9)	16.7(4.8)	2.7(4.4)
상위 3%	7,402	11.0(2.9)	9.7(2.8)	1.6(2.5)
상위 4%	7,402	7.6(2.0)	6.8(1.9)	1.0(1.7)
상위 5%	7,402	5.9(1.5)	5.3(1.5)	0.8(1.3)
상위 5% (누계)	37,010	316.9(82.5)	292.7(83.6)	54.3(88.4)
상위 10% (누계)	74,021	336.4(87.6)	310.2(88.5)	56.8(92.3)
계	740,215	384.1(100)	350.2(100)	61.5(100)

자료: 국세청(2019b).

이 전체 소득의 71.2%를 점유하고 있다. 그리고 총부담세액도 무려 78.4%를 점유하고 있어, 상위 1% 법인이 법인세 대부분을 부담하고 있다.

〈표 30〉을 보면 1% 중에서도 극소수의 법인이 상당 부분을 부담하고 있다는 걸 알 수 있다. 주요 18개사의 전체 법인세 납부액은 2018년 30조 5,719억 원이고 2019년에 15조 3,517억 원이다(예상). 〈표 30〉에서 2018년 기준으로 총법인세가 61.5조라고 할 때 상위 18개사의 납부액이 약 50% 정도를 납부하고 있다(〈표 31〉 참조). 특히 삼성전자와 SK하이닉스의 법인세(약 22.6조 원)가

표31 • **주요 기업 법인세 현황**

단위: 억 원

기업	2018년	2019년
삼성전자	16조 8,151	8조 6,933
SK하이닉스	5조 8,010	4,263
LG화학	4,207	1,845
포스코	1조 6,707	1조 706
엔씨소프트	2,159	1,370
현대중공업 지주	1,470	875
현대건설	3,626	2,312
상위 18개사	30조 5,719	15조 3,517

자료: 한국경제(2020.2.26.).

전체의 30%다. 즉 법인세라는 낙수를 볼 때 극히 소수의 법인이 전체법인세의 상당 부분을 부담하고 있음을 알 수 있다.

여기에서 관심을 끄는 것은 법인세의 50% 정도를 부담하고 있는 기업들의 2019년 법인세 규모가 50% 정도 하락할 것이라는 사실이다. 이는 곧 경제성장이 둔화됨으로 인하여 정부가 사용할 수 있는 재정여력, 즉 낙수효과를 보여줄 원천이 감소하고 있음을 알 수 있다.

〈표 32〉는 주요 세제별 세수의 명목GDP 대비 비중과 세율을 비교한 것이다. 명목GDP 대비 비중을 보자. 2017년 기준으로 우리나라는 OECD 국가와 G7 국가와 비교했을 때, 소득세와 소비

표32 • **명목GDP 대비 세제별 세수 비중 및 세율(2017년)**

단위: %

국가	한국	OECD 평균	G7 평균
소득세	4.5(46.2)	8.3(42.5)	9.5(49.7)
법인세	3.6(27.5)	2.9(23.7)	2.7(27.6)
소비세	7.0(10.0)	11.1(19.3)	8.8(15.7)
재산세	3	1.9	3.2
기타	0.6	0.2	0.4

주: 1) ( )는 세율임.
   2) 소득세와 법인세는 지방세 등 포함한 최고세율,
   부가가치세는 표준세율 기준임.

자료: 국회예산정책처(2019b).

세 비중이 낮다. 반면 법인세와 재산세의 비중은 높은 것으로 나타났다. 세목별 세율을 비교해보면 소득세율(46.2%)은 OECD 평균(42.5%)보다 높으나 G7 평균(49.7%)보다 낮다. 법인세율(27.5%)은 OECD(23.7%)보다 높고 G7(27.6%) 평균과 유사하지만 소비세율(부가가치세)은 낮다. 재산세율은 OECD 평균보다 높으나 G7 평균보다는 낮다.

낙수효과는 없는가?

낙수의 원천 문제와 별개로 '낙수효과가 나타나는가'에 대한 논쟁이다. 극단적으로 해석하는 사람은 민간기업이 시장에서 낙수효과를 주는 것까지 해석한다. 소득주도성장 정책 주창자들은 노동소득분배율이 하락한다거나 대·중·소기업의 임금 격차, 국내 양극화가 심해지는 현상 그리고 대기업들의 채용 규모가 적다는 등의 현상을 두고 낙수효과가 없다고 주장한다. 예를 들어 '대기업이 내놓는 일자리가 매출액이나 영업이익 규모에 비해 적으니 낙수효과가 없다'는 주장을 보자. 오히려 다르게 해석하면 이런 기업은 효율적이어서 부가가치가 매우 높다고 보아야 한다. 일자리를 놓고 볼 때 이 기업이 만들어내는 낙수효과는 '파산했을 때 사라지는 일자리'다. 자체적인 고용인력, 연관산업 인력 및 지역 상권에서의 일자리다. 대기업이 파산 위기에 직면했을 때 이를 방어해주기 위하여 정부나 금융기관이 재정지원을 하는 이유이기도 하다.

시장에서 분배보다 더욱 중요한 것은 정부의 재분배 역할이다. 정부는 거두어들인 조세수입(낙수)을 분배개선이나 추가적인 경제성장에 도움이 되도록 제대로 사용해야 한다. 챕터 9에서 자세히 논의하겠지만, 한국의 시장소득에 의한 소득분배는 세계적으로 상당히 좋은 수준이다. 반면 정부의 가처분소득에 의한 소득분배는 상대적으로 좋지 않은 상태다.

결국 시장에서 만들어지는 성과의 일부를 받아낸 정부가 분배 개선 정책을 효율적으로 시행하지 못했다는 것을 의미한다. 이는 선택적 복지와 보편적 복지 논쟁과 연계된다. 선택적 복지가 저소득층에게 유리하게 시행되면 소득분배 개선에 도움이 된다. 그러나 보편적 복지는 모든 계층에 같은 혜택을 주기 때문에 소득분배 개선에 도움이 되지 못한다. 물론 노동자 소득을 인상하는 것이 소득분배를 개선한다고는 할 수 있다. 하지만 이들보다 낮은 소득을 얻는 계층은 실업자나 자본가에게서도 충분히 나타날 수 있다.

낙수효과는 '경제발전 초기 불균형발전 때문에 계층 간, 지역 간 소득격차가 벌어지지만 일정 정도의 발전이 이뤄지면 소득분배가 개선된다'는 쿠즈네츠 가설의 기초가 되었다. 따라서 이 정책은 경제성장을 우선하는 정책에서 출발한다. 그러나 시장기능이 공정하게 작동하지 못하거나 정부의 소득재분배 정책이 제대로 시행되지 못하면 경제성장과 별개로 소득분배는 오히려 악화된다.

그렇다면 분수효과는 있는가?

이번엔 분수효과를 알아보자. 분수효과를 위해 친노동정책을 시행하려면 '이 정책이 소득분배를 개선시키고, 이에 총수요나 총공급이 증가하여 경제성장으로 연결된다'는 실증적 설명이 되어야 한다. 여기서 '노동자가 저소득층인가'라는 의문은 별개로 두자.

노동자의 소득을 늘려주는 방향으로 정책을 펴서 실제로 소득이 증가했다고 하자. 이 경우 소득주도성장론자들은 저소득층의 평균소비성향이 높기 때문에 지출이 더 많이 증가한다는 전제 하에, 국민소득이 증가하고 경제의 총수요가 증가하면서 경제성장이 된다고 가정한다. 그러나 이러한 가정에는 또 다른 문제점이 있다. 취업한 상태의 노동자가 모두 진정한 저소득층이냐는 문제다. 예를 들어 정규직 근로자들에 비해 실업자 또는 비정규직 근로자들은 저소득층이다. 실업자에게 직업을 구해주거나 비정규직의 임금을 올려주는 것이 오히려 분배를 개선하는 일이다. 이들의 평균소비성향이 오히려 낮기 때문에 소득증가에 의한 총수요 증가 여지가 더 높다고 볼 수 있다. 결국 친노동정책은 분배개선이나 저소득층 소득증대와 거리가 있을 수 있다는 것이다.

총수요 증가에 따른 경제성장과 더불어 친노동정책에 의한 경제성장 역시 가능한가에 대해서도 실증적 설명이 되어야 한다. 예를 들어, 임금상승으로 노동자 소득이 증가했다고 가정하자. 이때 노동자가 오히려 일을 더 열심히 해 생산성이 올라가고, 이를 통해 공급 또한 증가하는지에 대한 문제다. 인간 본성이나 경제적

인센티브 차원에서 이 과정이 실증적으로 설명돼야 분수효과가 나타난다고 볼 수 있다.

낙수·분수효과와 포퓰리즘

낙수효과와 분수효과가 모두 완벽한 것은 아니다. 문제를 야기할 수 있으므로 선택 기준은 경제적 효과의 가능성과 부작용이 덜하냐에 달려있다.

낙수효과는 상대적으로 능력이 뛰어난 계층에 먼저 기회를 준다. 이들을 통해 혁신이 이루어지고 경제가 성장한다. 예를 들어, 세율인하, 규제완화 등이 대표 정책인데 소득개념으로 보면 자본소득에 우호적인 정책이다. 문제는 경제가 성장하더라도 시장이 불공정하거나 정부의 소득재분배정책이 성공적이지 못할 때다. 소득분배가 악화되고 양극화가 심화될 수 있다.

분수효과는 경제성장이 이루어지기 이전에 분배를 먼저 하자는 논리다. 빵이 만들어지기 전에 먼저 나누자는 이야기와 같다. 따라서 분배를 위한 재원이 확보되어야 한다. 노동자를 강조하며, 이들을 저소득층이라 보고 노동소득을 늘리는 정책을 시행한다. 예를 들면 최저임금 인상, 노동시간 단축, 노동조합 권한 강화 등이다. 여기에도 문제가 있다. 분배가 이루어졌지만, 경제가 성장한다는 보장이 없다는 것이다. 나누어주겠다고 정책을 발표했지만, 재원이 없어 정책을 시행할 수 없게 된다. 많은 국가에서 시행하는 무상정책이 대표적이다. 이는 매해 지출되어야 하는 것이다. 하지만 재원, 즉 빵의 크기가 커지지 않는다면 불가능하다. 이런 경우 포퓰리즘 정책이라는 비판을 받게 된다.

CHAPTER 7

최저임금, 좋은 의도가
좋은 결과로 연결될 수 있을까?

최저임금은 노동자가 받아야 할 최저 수준의 임금을 말하는데, 이는 국가마다 다양한 기준에 의해 결정된다. 문제는 최저임금 수준은 노동자의 고용 수준뿐 아니라 노동소득 및 일반 국민소득에도 영향을 미친다는 점이다. 따라서 매우 체계적인 결정 과정이 요구된다. 즉, 저임금 근로자의 생활수준을 향상하기 위한 '좋은 의도'가 일자리와 노동소득 증가라는 '좋은 결과'로 연결되느냐를 명확히 따져봐야 한다.

• • •

한국의 최저임금은 높을까? 낮을까?

최저임금은 근로자의 생계비, 유사근로자의 임금, 노동생산성, 소득분배율을 고려하여 결정되는 최저 수준의 임금이다. 〈표 33〉은 1990~2020년 기간 동안 한국의 최저임금과 증가율을 표시한 것이다. 정부는 1990년 시간당 690원에서 2020년 8,590원까지 매해 일정 금액을 증가시켜 왔다. 최저임금 영향률은 최저임금에 의해 전체 근로자 중 직접 영향을 받을 것으로 예상하는 근로자의 비율이다. 2010년 최저임금에 의한 영향률이 15.9%에서 2019년에는 25.0%로 급증하였다. 2019년 기준으로 적용 대상 근로자 2,000만여 명 중 혜택을 받는 근로자는 500만 명에 그쳤다.

표33 • **최저임금 및 영향률**

	1990	2000	2010	2018	2019	2020
최저임금(원)	690	1,600	4,110	7,530	8,350	8,590
인상률(%)	15	4.9	2.8	16.4	10.9	2.9
영향률(%)	4.3	1.1	15.9	23.6	25	20.7
적용 대상 근로자 수(천 명)	4,386	5,031	16,103	19,627	20,006	20,048
수혜근로자 수(천 명)	187	54	2,566	4,625	5,005	4,150

주: 1) 경제활동인구조사 기준임.　　　　　　　　　　　　　　자료: 최저임금위원회, 최저임금액 현황.
　　2) 영향률은 (수혜근로자 수/적용대상 근로자 수)*100으로 정의됨.
　　3) 2020년은 최저임금위원회 보도참고자료(2019.7.12. 참조)로 작성

최저임금 정책의 가장 중요한 문제점은 급격한 인상률이다. 그러나 다른 문제점들도 있다. 다른 국가에 비해 복잡한 임금구조로 인해 최저임금의 산입범위가 달라 임금을 지급하는 기업이 법정 최저임금 이상으로 임금을 부담하고 있다는 것이다.

첫째, 주휴수당은 최저임금에 포함되지 않아 임금상승 요인이 된다. 근로자는 1주 동안 15시간 이상 근무를 하는 경우 하루에 해당하는 주휴수당을 받는다. 예를 들어 '1일 근로시간 × 시급'으로 계산되는데 8시간씩 5일을 근무한다면 1일치(8시간) 급여가 추가로 지급되는 것이다. 주휴수당을 고려하면 2020년 최저임금은 이미 1만 원을 넘어섰다.

둘째, 현재 산입범위는 기본급여와 통상적 수당(정기적, 고정적, 일률적으로 지급되는 임금)은 포함되지만, 복리후생비(점심, 교통비, 기숙사비 등)와 정기 상여금은 제외된다. 2019년에 이들 비용 중 일

🔍 **Zoom In PPP**

구매력평가지수
나라별 구매력, 다시 말해 나라별 차이가 나는 가격수준을 고려한 GDP다. 각국에서 생산되는 상품·서비스의 양과 물가수준까지 고려함으로써 소득을 단순히 달러로 표시한 GDP와 달리 실질소득과 생활수준까지 짚어볼 수 있다.

표34 • 한국 최저임금의 국제 비교

	1인당 GDP (2018, PPP)	실질최저임금 (2018)	실질최저임금 (2018, PPP)	상용근로자 평균 임금 대비	상용근로자 중위 임금 대비
값	40,856	17,159.70	19,880.80	0.46	0.59
순위	19	12	10	6	8
비교국가	36	28	28	29	29

주: 1) 1인당 GDP는 2015년 기준 PPP 미달러임.
　　2) 일본의 실질최저임금은 일본은 2017년 값을 비교한 것임.
　　3) 시간당 실질임금은 2018년 기준(PPP)으로 7.9달러로 28개국 중 12위임.

자료: OECD, OECD.Stat
(Real Minimum Wages,
검색일: 2020.3.5.).

부분은 포함하는 것으로 개정되었다.

　그렇다면 OECD 36개 국가에 비교해보면 한국의 최저임금 수준은 어느 정도일까? 〈표 34〉는 OECD 회원국들의 최저임금 관련 자료를 한국과 비교한 것이다. 1인당 GDP(2018년 PPP 기준)는 4만 856달러로 OECD 36개국 중 19위에 해당한다. 반면 최저임금 관련 지표는 소득순위에 비해 상대적으로 높은 편이다. 2018년 실질최저임금은 연 1만 7,159.7달러로 28개국 중 12위다. PPP 기준으로 해도 1만 9,880.8달러로 10위다. 상용근로자 평균 임금과 대비해보면 46% 수준으로 29개국 중 6위이고, 중위임금 대비도 59%로 8위에 해당한다.

최저임금이 일자리를 창출했는가?

최저임금이 일자리를 창출할 것인가에 대해서는 크게 두 방향으로 효과를 나누어 생각할 수 있다. 기업은 임금이 인상되면 비용이 상승했다고 인식하여 당연히 고용을 감소시킨다. 반대로 여러 이유(생산성 향상, 경기 호황)에서 기업 매출이 높아질 때, 생산 또한 증가하므로 임금인상이 나타날 수도 있다. 따라서 기업가는 오히려 고용을 증가시키게 된다. 전자를 대체효과substitution effect라고 부르고 후자를 규모효과scale effect라고 부른다. 대체효과는 명확히 고용을 감소시킬 것이므로, 규모효과의 발생 여부와 크기에 따라 최저임금 인상이 일자리를 창출할 것인지를 결정한다.

물론 임금소득주도 정책을 주장한 마크 라브와·엥겔베르 스톡해머는 한계생산성이 체증하는 산업이 존재하기 때문에 이 산업 노동자의 임금상승은 오히려 일자리를 늘릴 수 있다고 주장한다. 그러나 이러한 산업은 현실적으로 최저임금을 지급하는 산업

🔍 Zoom In **한계생산성이란?**

다른 생산 요소의 투입량은 변화하지 않는 상태에서 어떤 생산 요소의 한 단위가 변화할 때 기업의 산출량에 미치는 효과다.

표35 • 주요 고용 지표

단위: 천 명

지표	2015	2016	2017	2018	2019
취업자	26,178 (-281)	26,409 (-231)	26,725 (-316)	26,822 (-97)	27,123 (-301)
실업자	976 (-37)	1,009 (-34)	1,023 (-14)	1,073 (-50)	1,063 (-10)
비경제활동인구	16,086 (-127)	16,187 (-102)	16,183 (-5)	16,287 (-104)	16,318 (-31)
60대 이상	3,625 (-178)	3,848 (-223)	4,090 (-242)	4,324 (-234)	4,701 (-377)
40대	6,892 (-5)	6,832 (-59)	6,783 (-50)	6,666 (-117)	6,444 (-162)
제조업	4,604 (-146)	4,584 (-21)	4,566 (-18)	4,510 (-56)	4,429 (-81)
사업·개인 공공서비스	9,278 (-147)	9,532 (-254)	9,734 (-202)	9,800 (-66)	10,139 (-339)

주: ( )는 전년 대비 증가임.
자료: 통계청(2020.01.15.).

이라고 볼 수 없다. 규모가 커질수록 비용이 하락하여 이윤이 증가하기 때문에 노동자들은 상당한 수준의 임금을 받고 있을 가능성이 크다.

　문재인 정부의 최저임금 정책에 의한 일자리 창출 효과를 명확히 파악하기는 쉽지 않다. 최저임금 인상뿐 아니라 52시간 노동제도, 비정규직의 정규직화, 임금피크제도 억제 등 친노동정책을 한꺼번에 시행해서 최저임금의 고용 효과를 따로 분리하기 어렵기 때문이다. 따라서 전체적인 일자리 창출 현황을 보고 이들

정책의 일자리에 대한 효과를 예측해야 한다. 〈표 35〉는 2015년 이후 주요 고용 관련 주요 지표를 정리한 것이다.

취업자는 2015년 약 2,617만 8,000명에서 2019년에는 약 2,712만 3,000명으로 94만 5,000명이 증가하였다. 연도별로 취업자 증가 정도를 보면 2017년을 기점으로 갑자기 하락하였음을 알 수 있다. 2016년과 2017년에 각각 23만 명과 32만 명이 증가하였다. 2018년에는 9만 7,000명 증가하였으나 2019년에는 30만 명이 증가하였다.

이러한 추이에는 중요한 문제점이 있다. 첫째, 2019년 30만 명 증가 원인은 2018년의 부진으로 나타나는 기저효과 때문이다. 만약 2018년에 30만 명이 증가했다면 2019년은 10만여 명 증가에 그친 셈이다. 이는 2016년 이후 100만 명을 넘어선 실업자가 취업자 증가의 한계를 반영하고 있다.

둘째, 일자리가 창출되었다고 하지만 대부분 정부재정에 의한 증가라는 점이다. 즉, 시장에 의한 증가가 동시에 이루어지지 않았다. 연령별로 볼 때 60대 이상은 2019년 37만 7,000명이 증가했지만 40대는 16만 2,000명이 감소했다.

셋째, 산업별로 보아도 시장에 의한 창출이 충분히 이뤄지지 않고 있음을 알 수 있다. 제조업에서의 일자리 창출은 2019년 기준 5만 6,000명이 감소했으나 사업·개인 공공서비스는 오히려 33만 9,000명 증가하였다.

결국 2019년 고용실적은 2018년의 기저효과이며 정부의 재정 투입에 의한 창출이 대부분이며, 시장에 의한 창출이 뒷받침되지 못했음을 알 수 있다. 따라서 문재인 정부의 친노동정책은 결과적으로 그 이전에 비해 더 많은 일자리를 창출했다고 할 수 없다. 오히려 줄었다고 보는 것이 합리적일 것이다. 같은 일자리 창출이 나타났다고 하더라도 시장에서 만들어진 새로운 일자리 창출이 적기 때문에 정책성과는 더욱 줄어들 수밖에 없다.

CHAPTER 8

부동산 가격을
'안정시킨다'는 것의 의미

일반적으로 생산요소라고 하면 노동, 자본, 토지를 일컫는다. 현재 대부분 국가는 노동과 자본의 사유재산권을 인정하고 있지만, 토지만큼은 국가가 소유하고 있는 사회주의 국가들이 아직도 있다. 이러한 점을 근거로 한국에도 '토지 이용을 강력히 규제해야 한다'고 강조하는 정치인이나 정책 입안자들이 있다. 심지어는 토지공개념을 주장하는 사람도 있다. 더 좋은 주거지나 주거환경에 살고 싶은 욕구는 특정 지역 혹은 계층에 치우치지 않고 전 국민이 공통적으로 가지고 있는 감정이다. 따라서 좋은 부동산에 대한 수요는 무한히 존재한다. 단순한 규제강화나 공급확대만으로는 부동산 가격 안정이라는 목적을 달성하기 어렵다. 수요와 공급에 의한 시장균형가격을 인정하는 것이 가장 적절한 부동산 가격안정화 정책이다.

· · ·

정권별 부동산 규제와 매매가격 추이

한국처럼 부동산 가격에 대한 규제정책을 남발한 국가도 드물 것이다. 선거철마다 부동산, 특히 강남지역 가격을 통제하기 위한 정책을 공약으로 내건다. 그러나 결과는 정반대였다. 정부의 부동산 규제가 실제 가격 안정화 효과로 나타났는가를 알아보기 위해 지난 4개 정부에서 부동산 가격 변동 추이를 살펴보자. 노무현과 문재인 정부는 강한 규제를 통해 주택가격, 특히 서울 강남지역 주택가격을 인하하고자 하였다. 반면 이명박과 박근혜 정부는 상대적으로 부동산 규제를 덜 했다고 볼 수 있다.

〈표 36〉은 4개 정부별 종합주택(아파트, 연립, 단독주택) 매매가격지수의 변화 추이를 비교한 것이다. 노무현 정부 때는 전국 가격 기준 19.9% 증가하였다. 이명박과 박근혜 정부에서는 각각 12.3과 7.0%가 상승했지만, 문재인 정부에서는 임기 중반인 2020년 2월까지 2.6%가 상승하였다. 이를 수도권으로 좁혀보자.

표36 • 정권별 종합주택매매가격지수 추이

지역	–	노무현	이명박	박근혜	문재인
시점	2003.11.	2008.02.	2013.02.	2017.04.	2020.02.
전국	68.61	82.23	92.41	98.85	101.38
수도권	65.76	89.55	91.56	98.24	104.84
지방	72.61	74.79	93.17	99.43	98.31
서울	63.52	87.03	90.44	97.59	108.65
서울 강북	62.85	84.61	92.24	98.01	107.93
서울 강남	64.25	89.54	88.75	97.18	109.31

주: 1) 지수는 2017년 11월 100 기준이며 계절 조정값임.   자료: 한국감정원, 통계정보.
  2) 노무현 정부는 감정원 자료가 11월 이후만 있어서 출발 시점을 조정하였음.

노무현 정부에서는 무려 36.2%가 상승하여 이명박(2.2%), 박근혜
(7.3%) 그리고 문재인(6.7%) 정부에 비해 높은 상승률을 보여주었
다. 특히 정부마다 규제대상으로 삼는 강남지역을 보면 더욱 차이
가 난다. 노무현 정부에서는 39.4%가 상승하여 강남 부동산 가격
을 안정시키거나 하락시키겠다는 원래 의도와는 정반대의 결과
를 낳았다. 이명박(-0.9%), 박근혜(9.5%) 그리고 문재인(12.5%) 정부
와 비교해보면 얼마나 높은 상승률을 보여주었는지 알 수 있다.
아파트 가격으로 한정하면 노무현 정부의 가격상승폭은 더욱 커
진다.

그림16 • 전국 종합주택 매매가격 지수 변동 추이

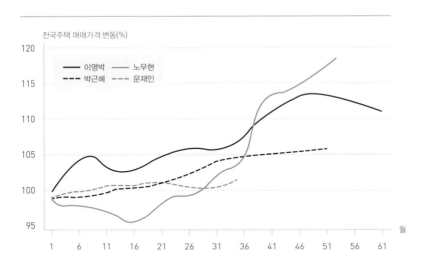

그림17 • 서울 강남 종합주택매매가격 지수 변동치 추이

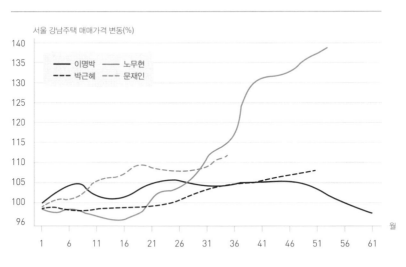

자료: 한국감정원, 통계정보 자료를 기반으로 저자 작성.

〈그림 16〉과 〈그림 17〉은 전국 및 서울 강남지역의 종합주택 매매가격변동의 월별 변화 추이를 비교한 것이다. 바로 직전 정부 마지막 월의 가격지수를 100으로 하는 경우 정권 말기의 가격이 얼마나 상승했는가를 퍼센트로 환산하여 그린 것이다.

〈표 36〉에서 살펴보았듯 집권 초 이후 가격 변동 정도를 보면, 노무현 정부 때 전국 주택매매가격의 변동폭에 비해 강남 주택의 매매가격 상승률이 더욱 높았음을 보여주고 있다. 노무현 정부 다음으로 이명박 정부 때 전국 주택가격의 증가폭이 컸다. 문재인 정부는 비록 2020년 2월까지긴 하지만 가장 낮은 상승 폭을 보였고 상승추세에 있음을 알 수 있다.

강남지역 주택값으로 한정해 비교하면 매우 흥미롭다. 가장 높은 인상 폭을 보여준 정부는 노무현 정부였다. 반대로 이명박 정부 때 가장 낮았고 오히려 하락하는 추이를 보여주었다. 문재인 정부도 노무현 정부 다음으로 높은 상승률을 보여주었다. 이 결과를 보면 강남에 있는 주민들은 노무현과 문재인 대통령의 정책 혜택을 가장 많이 받은 계층이었다. 강남주민들은 노무현 정부를 더 지지해야 하지 않을까?

종합하면 노무현과 문재인 정부가 가장 강한 부동산 규제정책을 시행했으나 가격은 더 많이 올랐음을 알 수 있다. 특히 강남지역의 가격은 더 많이 상승했다. 강남에 집중적인 규제정책을 시행했으나 오히려 더 많이 상승하는 역효과가 발생했다.

규제 일변도로는 가격안정 불가능

앞에서 살펴보았듯 부동산 규제를 강하게 시행한 정부일수록 가격이 더 많이 상승하여 정책 시행 의도와는 전혀 다른 성과를 보여주었다. 즉 '가격 규제를 하면 가격이 하락하리라'고 생각하는 것은 시장의 기능과 역할에 대한 잘못된 인식에서 나온 것임을 알 수 있다.

단순히 공급확대 정책을 시행한다고 해서 부동산 가격이 안정화되긴 어렵다. 코로나19 사태 초기 한국정부의 마스크 공급정책도 유사하다. 정부가 원가보다 싼 가격으로 공급을 하려고 하자 생산자의 생산유인이 떨어지면서 정부 납품을 기피하게 돼 암시장 형성을 유발했다. 공급은 증가하지 않았지만 시장수요는 늘어나 가격 상승압력이 지속되기 때문이다. 따라서 공적 마스크의 가격은 안정되었으나 민간부문이나 암시장을 통해 더 높은 가격으로 거래되는 부정적 측면이 같이 나타났다.

다만 단기간에 한해 이런 공적 마스크 공급정책은 가능할지 모른다. 코로나19가 없어지면 그만큼 마스크에 대한 수요는 줄어들 것이기 때문이다. 그러나 좋은 주택에 대한 수요는 줄어드는 것이 아니다. 강남을 비롯해 지역별로 존재하는 '살기 좋은 주택'에 대한 잠재적 수요자는 그 지역 주민만이 아니라 전 국민이다. 노무현 정부 때의 혁신도시 정책으로 전국에 풀린 자금이 강남 아파트 구매를 위해 흘러와서 아파트 가격이 상승했다는 주장도 이러한 현상을 반영한 것이다. 따라서 공급확대에 의한 가격 조절 정책만으로는 부동산 가격 안정이 불가능하다.

따라서 정부는 가격이 높은 지역의 안정화를 목적으로 할 게 아니라 일반 부동산 가격의 안정을 목표로 삼아야 한다. 예를 들어 가격이 낮은 지역의 부동산 가격을 안정화 혹은 상승시키기 위한 주택개량, 주차장 확충 등 주거환경개선 정책을 지속 시행해야 한다. 그리고 임대아파트와 같은 주택공급은 사회복지정책의 한 갈래로 실시하면 된다. 일정 정도의 소득 이하 계층에게 임대아파트를 제공하고 임대료도 소득수준에 따라 책정하면 된다. 일본 정부의 임대아파트 정책이 이러한 방식으로 운영된다. 물론 이 아파트를 분양하는 정책을 시행해 부동산 가격을 폭등시켜 '부동산 로또 정책'이라는 비판을 받거나 주변 지역의 부동산 가격을 상승시키는 우를 범해서는 안 된다.

부동산 정책은 시장과 정부의 역할 분담으로

부동산 규제정책은 가격을 안정시키는 것이 아니라 오히려 더욱 상승시키는 역할을 하였다. 이러한 결과가 주는 시사점은 '부동산 정책은 시장의 움직임을 고려하여 균형가격을 중시하는 방향으로 시행되어야 한다'는 것이다. 부동산에 대한 수요는 가격탄력성이 높지만, 공급은 상대적으로 높지 않다. 따라서 정부가 가격을 내리려고 하면 오히려 수요가 더욱 확대되면서 잠재수요, 즉 가격상승에 대한 심리적 압력이 더욱 커질 수밖에 없다. 따라서 부동산 시장의 균형가격이 형성되는 것을 목적으로 정책을 펴야 한다.

특히 중요한 것은 '부동산 가격의 안정이란 무엇을 의미하는가'에 대한 공감대가 형성되어야 한다는 것이다. 서울과 경기를 비롯하여 강남 부동산 가격이 안정되는 것을 의미하는가? 아니면 전국의 부동산 가격이 안정되는 것을 의미하는가? 아니면 절대가격이 안정되는 것을 의미하는가 혹은 상대가격(서울-전국, 강남-강북 등)이 안정되는 것을 의미하는가? 이에 대한 논의와 사회적 합의가 우선적으로 이뤄져야 한다.

CHAPTER 9

국민소득이 오르면
내 소득도 오른다?

1인당 국민소득은 총소득을 전체인구로 나눈 평균개념이다. 이러한 지표들은 국가 평균소득 수준을 의미하는 것이지 개인별 소득 격차를 제대로 반영하지 못한다. 따라서 평균적인 소득이 증가하는 경제성장이 이루어지더라도 각 개인의 소득증가 정도는 다를 수밖에 없고, 경제성장의 성과에 대한 평가가 달라진다. 한국의 소득분배 상태는 OECD 국가 중 나쁜 편에 속한다. 따라서 세율을 올리고 시장규제를 더욱 강화해야 한다고 주장하는 사람들이 있다. 그렇다면 이러한 소득분배 상태가 과연 시장경제의 불공평성 때문에 나타난 현상인가? 아니면 정부의 소득재분배 정책이 다른 국가들에 비해 효과가 낮아서 그런 것인가? 누구의 책임이 더 클까?

· · ·

시장은 소득분배, 정부는 소득재분배

경제성장이 이루어지면서 평균소득은 증가하지만, 개인별 소득의 변화는 다르게 나타날 수 있다. 개인별 소득변화의 정도는 소득분배에 영향을 미치게 된다. 국민소득에 따른 개별 소득 변화 정도는 어떻게 알 수 있을까? 현재 소득분배 상태가 '절대적으로 어느 정도인지'와 '다른 국가에 비해 상대적으로 어느 정도 위치에 있는지'를 살펴보면 된다.

소득분배 상태는 크게 두 부분으로 나눌 수 있다. 먼저 시장기능에 의한 소득분배다. 시장소득은 세전소득으로 정부의 세금부과나 사회복지정책에 의한 재정적 지원이 이루어지기 이전이다. 두 번째는 납부된 재원(세금)을 가지고 정부가 다양한 소득재분배 정책을 시행하는데, 처분가능소득에 의한 소득분배로 측정된다. 이 두 형태를 비교해보면 시장과 정부가 소득분배에 어떠한 영향을 미치는지 알 수 있다.

한국 소득재분배 정책은 효과가 적다?

많은 언론이나 경제학자들은 한국 소득분배가 매우 악화된 상태라고 한다. 어떤 정치인들은 전 세계 중 최악이라고 주장하기도 한다. 문제는 '한국의 소득분배가 얼마나 나쁘냐'는 것과 '현재 소득분배 상태, 시장과 정부 중 어느 쪽의 책임이 더 크냐'는 것이다. 소득분배지표로 가장 많이 사용되는 지니계수를 가지고 비교해보자. 지니계수는 0과 1 사이의 값으로 계산되는데 클수록 소득분배가 나빠지는 것을 의미한다. 소득이 아닌 부wealth를 기준 삼아야 한다거나 다른 지표를 사용하는 것이 좋다는 등의 다른 의견은 잠시 옆에 두자.

한국에서 시장소득에 의한 분배는 나쁘지 않다. 그러나 가처분소득에 의한 소득분배 상태는 다른 국가에 비해 나쁘게 나오고 있다. 이는 곧 '시장의 소득분배 역할은 효율적인 상태지만, 정부의 소득재분배 역할은 다른 국가에 비해 효과적이지 못하다'고 할 수 있다. 〈그림 18〉과 〈그림 19〉는 2015년 시장소득과 처분가능소득을 기준으로 108개 국가의 지니계수를 비교해본 것이다.

〈그림 18〉의 시장소득에 의한 소득 불평등을 보면 한국은 다른 국가들에 비하여 매우 낮은 수준의 지니계수 값을 보여준다. 3개 국가를 제외하면 모든 국가의 지니계수의 값이 한국보다 높다. 심

그림18 ● **1인당 실질 GDP와 지니계수**(시장소득)

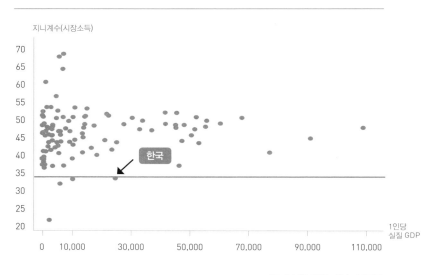

자료: Solt(2019) 참조하여 저자 작성.

지어는 한국보다 소득수준이 높은 국가들에 비해서도 지니계수 값이 작아 상대적으로 소득분배가 양호하다. 반면 〈그림 19〉의 처분가능소득 지니계수를 보면 시장소득보다 지니계수의 값이 상대적으로 높게 나와 소득분배가 나쁘게 나온다. 한국에 비해 작은 지니계수 값을 보여주는 국가들이 소득수준과 관계없이 많이 존재한다.

두 그림을 비교해볼 때 한국은 분배 측면에서 시장기능이 다

그림19 ● **1인당 실질 GDP와 지니계수(처분가능소득)**

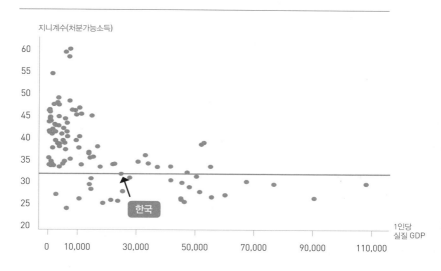

자료: Solt(2019) 참조하여 저자 작성.

른 국가들에 비해 매우 공평하다는 것을 알 수 있다. 반면 한국정부의 소득분배 완화 정책은 다른 국가에 비해 효과적이지 못하다는 것을 시사한다. 또한 처분가능소득에 의한 소득분배가 전 세계 중 최악이라는 주장도 사실이 아님을 알 수 있다.

이러한 결과는 정부의 소득재분배 정책이 '소득분배를 개선하는 방향'으로 더 많이 시행돼야 함을 뜻한다. 특히 보편적 복지와 선택적 복지 중 소득분배 개선을 위해서는 어떤 방향이 효과적인

가를 철저히 고민해야 한다.

한국의 소득분배 개선정책 방향은?

우리나라의 소득분배 개선정책이 다른 국가에 비해 효과적이지 못한 이유는 여러 가지가 있다. 첫째, 다른 국가에 비해 GDP 대비 사회복지지출 비중이 낮기 때문이라는 주장이다. 〈표 37〉의 OECD 국가들의 중앙 정부 지출 구조를 보면 한국의 사회보장 및 복지 비중이 매우 낮은 수준임을 알 수 있다. 최근 한국 자료가 있는 2016년을 기준으로 비교할 때 사회보장 및 복지의 비중이 12.0%로 OECD 국가 중 28위다. OECD 평균 비중은 26.6%다. 반면 교육지출 비중은 OECD 국가 중 2위고, 환경보호 및 국방은 모두 3위다. 그 외 경제 및 주택·지역개발은 각각 4위와 5위로 다른 국가에 비해 상대적으로 높은 비중을 차지하고 있다.

둘째, 사회복지정책의 방향이 효과적이지 못하기 때문이다. 예를 들어 선택적 복지에 비해 보편적 복지정책은 소득분배 개선효과를 보여주지 못한다. 무상복지정책(무상의료, 무상급식, 무상교육)은 소득분배나 양극화를 더욱 악화시키는 역할을 한다. 왜냐하면 무상복지정책을 시행하기 이전에 이미 무상복지 혜택을 받은 저소득층은 전면적인 무상복지가 시행되더라도 추가적인 이득을

표37 ● 중앙 정부 지출의 부문별 비중 비교(2016년)

부문	한국		OECD
	비중 (%)	순위	평균 (%)
일반공공행정	24.7	17	28.1
국방	12.6	3	5.6
공공질서·안전	5.1	16	4.5
경제	17	4	11.3
환경보호	2.2	3	0.9
주택·지역개발	1.3	5	0.7
건강	3.7	25	10
오락·문화·종교	1.5	18	1.9
교육	19.9	2	10.5
사회보장·복지	12	28	26.6

주: OECD 33개국 중 순위임.
자료: OECD(2020a).

보지 못하기 때문이다. 오히려 추가적인 혜택을 보는 계층은 중산
층 이상의 계층이 된다.

대표적인 것이 2011년 서울시에서 있었던 무상급식 논쟁이었
다. 오세훈 시장은 점차 무상급식 비율을 늘려나가는 선택적 복
지정책을 주장하였다. 반면 서울시의회는 모든 학생에 대한 보편
적 복지정책으로 무상급식 조례안을 통과시켰다. 결국 선택적 복
지정책의 찬성 여부에 관한 결정을 위해 주민투표를 시행하였다.
그러나 최종 투표율이 33.3%에 미달하는 25.7%에 불과해 투표

함 개봉이 무산되면서 전면 무상급식이 시행되었다. 과연 무상급식 정책이 소득분배 개선을 위해 도움이 될까? 그렇지 않다. 무상정책으로 인하여 혜택을 받은 계층은 실질적인 지원이 필요한 하위 8% 최저소득계층이다. 하지만 이들에 대한 추가적인 소득지원 효과는 없다. 그들은 이미 무상급식을 받고 있기 때문이다. 반면 무상급식으로 도움을 받는 계층은 추가적인 혜택을 받는 계층에 속하는 학부모들이다. 즉, 무상급식을 받는 저소득층의 소득분배 개선 효과와는 거리가 멀었다.

여기서 중요한 것은 무상정책이 옳은가 그른가의 문제가 아니다. 이를 주장하는 논리가 양극화나 소득분배 해소를 위한 것이라고 한다면, 틀린 것이다. 이러한 이유로 소득분배 개선을 위해서는 선택적 복지정책을 강화하여 절대 빈곤층의 지원을 강화하는 방향의 정책을 펴야 한다. 예를 들어 국민기초생활보장 대상자 부양조건을 폐지하여 절대 빈곤층에 속하는 계층은 모두 정부가 지원하는 것도 바람직하다. 부양조건을 재정 부담 때문에 폐지 못한다고 한다면, 더 많은 금액을 투자하는 무상정책의 정당성이 없다.

셋째, 산업정책과 복지정책 간 구분이 애매한 것이 많다. 한국은 국가주도형 경제체제를 유지하고 있다. 산업부문에 대한 정부 지출 비중이 다른 국가에 비해 높다. 〈표 38〉의 OECD 국가 비교

표38 ● **한국 중앙 정부의 분야별 정부지출 비중**

단위: %

번호	항목	2010년	2015년	2018년	2019년
1	보건·복지·고용	27.7	31.3	33.7	34.3
2	교육	13.1	13.8	14.9	15
3	문화·체육·관광	1.3	1.7	1.5	1.5
4	환경	1.8	1.8	1.6	1.6
5	R&D	4.7	4.9	4.6	4.4
6	산업·중소기업·에너지	5.2	4.7	4.2	4
7	SOC	8.6	6.8	4.4	4.2
8	농림·수산·식품	5.9	5.2	4.6	4.3
9	국방	10.1	9.8	10	9.9
10	외교·통일	1.1	1.2	1.1	1.1
11	공공질서·안전	4.4	4.5	4.4	4.3
12	일반·지방행정	16.6	15.1	16	16.3
	총지출	100	100	100	100

자료: 국회예산정책처, 재정경제통계시스템.

에서 알 수 있듯이 사회복지지출 비중은 낮은 편이지만 경제 및 주택·지역개발에 대한 중앙정부 지출 비중이 상대적으로 높다. 이는 경제성장을 위한 지출을 많이 한다는 측면도 있지만, 복지지출 성격의 지출이 이 부문에 포함된다고도 볼 수 있다. 예를 들면 시장개방으로 피해를 보는 부문에 대한 정부 지원, 낮은 전기 및 수도요금으로 지원하는 에너지 복지 차원의 지출 등은 모두 사회복지지출이 아닌 산업정책 차원의 지출로 포함되어 있다. 이를 복지정책으로 접근한다면 재정지출에 대한 분류도 달라져야 한다.

한국정부는 OECD와 다른 분류 방법을 사용하고 있지만 사회복지지출 성격의 지출 비중이 매우 급격하게 늘고 있다. 〈표 38〉을 보면 보건·복지·고용 분야 비중이 2010년 27.7%에서 2019년 34.3%로 급격히 증가하고 있다는 걸 알 수 있다. 반면 SOC나 산업·중소기업·에너지 분야의 지출 비중은 감소하였다. 이러한 차이는 OECD와 한국정부의 예산분류 기준이 달라서 나타난 것으로 보인다. 따라서 산업정책 자금과 복지정책성 자금을 자세히 검토해 정책 전환하는 것이 필요하다.

CHAPTER 10

포퓰리즘이 안 되려면
제대로 설계하라

포퓰리즘은 일반적으로 소수의 기득권 혹은 엘리트 집
단의 의견에 반하여 대중이 원하는 정책을 시행하는 것을 의미한
다. 대표적인 정책은 무상복지(의료, 교육) 확대, 연금 수령액 인상,
공무원 확대, 급격한 최저임금 인상, 친노조 정책 확대 등이다. 이
런 정책을 시행한다는 것 자체로 포퓰리즘이라 할 순 없다. 문제
는 정책을 시행하기 위한 재정지원이 충분하지 못해 의도하는 성
과가 나오지 않는 경우다.

· · ·

자본주의 태생적 한계와 포퓰리즘

자본주의 체제는 시장경쟁과 효율성에 의한 발전이라는 기본 원리를 갖고 있다. 이 때문에 분배격차와 양극화가 발생한다. 여기서 정부는 경제성장의 성과, 즉 낙수를 가지고 재분배 정책을 시행한다. 이것으로 성장 과정에서 혜택을 보지 못한 사람과 성과를 이룬 사람 모두가 발전할 수 있도록 한다. 분배를 먼저 시행하는 경우 소득증대라는 경제성장이 보장되지 않는다. 경제성장은 시장의 효율성에 의해 달성되지만, 양극화·소득분배가 악화될 수도 있다는 자본주의의 태생적 한계가 있다. 따라서 정부가 공평한 분배를 먼저 해야 한다는 주장이 나오기도 했다.

사회주의 체제가 대표적이다. 그러나 성장이 담보되지 않아 자본주의 체제와 격차가 벌어지면서 붕괴하고 말았다. 자본주의 체제 내에서도 포퓰리즘은 계속되고 있다. 물론 무상복지는 정책 자체가 포퓰리즘이 아니다. 선진국들도 이미 이러한 정책을 펴고 있지만, 포퓰리즘이라고 하지 않는다. 포인트는 시장에 의한 소득창출과 정부의 조세수입으로 복지정책이 지속 가능하게 유지되느냐다. 유지되지 못한다면 그 정책은 포퓰리즘이 되고 국가는 어려움에 처하게 된다.

대표적인 포퓰리즘의 사례

포퓰리즘 정책을 시행한 정부의 대표적인 예로 아르헨티나의 페론(1946~1955, 1973~1974), 페르난데스(2007~2015), 베네수엘라의 차베스(1999~2013), 그리스의 파판드레우(1981~1989) 등을 들 수 있다.

아르헨티나는 1935년 1인당 GDP가 6,766달러로 비교 대상 56개국 중 12위에 들 정도로 잘 살던 국가였다. 같은 자료 기준 2016년에는 1만 8,695달러로 166개국 중 59위다. 한국은 같은 연도에 28위인 3만 6,151달러로 아르헨티나에 한참 앞서 있다. 오늘날 아르헨티나가 경제적 어려움에서 벗어나지 못하고 있는 것은 페론 대통령 시기에 시행된 노조 중심 정책 탓이 크다. 당시 노동자 총연맹CGT 노동조합을 설립했는데 현재 세계 최대 노동조합 중 하나로 알려져 있다. 친노조 정책은 지금까지 지속되고 있다. 이를 반영하듯 2000~2010년 사이 최저임금이 무려 321% 증가했다. 앞서 살펴보았듯 페론은 주요 산업을 국유화하였다. 필요 재원을 정부가 직접 조달하려고 했던 이 정책은 시장에 의한 생산이 정부주도 성장보다 더욱 효율적인 것이라는 사실을 무시한 것이었고, 정부 재정건전화에 악영향을 끼치게 되었다.

주요 기업의 국유화 정책만 시행한 건 아니다. 1976년 군사 쿠데타로 집권한 라파엘 비델라, 1989년 당선된 메넴 대통령은 페론 대통령과 달리 다국적 기업을 유치하는 정책을 시장친화적으로 시행했다. 반면 2007년 집권한 페르난데스 대통령은 페론주의 계승자로 자처하면서 '키르치네르주의'를 주창하고, 보편적 아동복지 정책을 시행하였다. 키르치네르주의는 아르헨티나 정치가이면서 제43대 대통령인 네스트로 키르치네르의 이름을 따른 것으로, 신자유주의 및 미국과의 협력을 반대했다.

종합하면 아르헨티나가 처한 문제의 원인은 페론주의로 인해 강성한 '노동조합의 힘', 그리고 주기적으로 발생해온 군사 쿠데타에서 볼 수 있듯 '정치적 불안'이다. 최근 대통령직의 변화를 보아도 이러한 문제점을 말할 수 있다. 제43대 대통령인 키르치네르는 페론주의자인 에두아르도 두알데(2002–2003)의 강력한 지원을 받아서 당선되었다. 후임인 크리스티나 페르난데스(44대, 45대)는 그의 부인이다. 그녀는 제도상 3연임이 불가능했기에 2019년 당선된 알베르토 페르난데스 제47대 대통령의 부통령이 되었다. 두알데 대통령 시절 채무불이행을 선언하면서 경제 상황이 좋지 않았지만, 그 이후에는 많이 개선되기도 하였다. 아르헨티나는 강성 노조와 정치적 불안정으로 지속적인 경제성장을 달성하지 못했다. 이는 재정건전성 악화로 이어져 주요 정책을 지원할 수 없게 되었고, 기존 정책이 포퓰리즘이라는 비판을 받게 되었다.

이번엔 그리스의 포퓰리즘을 알아보자. 1981년 집권한 중도 좌파 사회당 출신 파판드레우 총리는 '국민이 원하는 것은 다 줘라'라는 지시로 정권을 시작했다. 그는 최저임금 인상, 공무원 증원, 전 계층 무상의료, 연금지급액 인상 등 정책을 시행하였다. 지출확대에 비해 경제성장은 더뎠고, 그리스 경제는 어려움에 직면하게 되었다. 2010년대 3번에 걸쳐 유럽연합 및 IMF로부터 구제금융을 받았고, 주요 핵심 산업을 외국에 매각하는 상황까지 이르렀다. 1982년 취임 1년 동안 정부의 공공부문 임금지급액이 전년 대비 33.4% 증가했고, 최저임금은 전년 대비 45.9% 인상되었다. GDP 대비 국가 채무비율도 1980년 22.5%에서 1984년 40.1%로 증가했다. 공무원 수도 증가하여 1981년 30만 명에서 2010년에는 90만 명으로 증가했다. 2008년 연금지급액은 은퇴 전 월급대비 소득 대체율이 95%에 달하고, 1991년 이후 연금지출액이 18년간 연평균 8.3% 증가했다. 그 결과 GDP 대비 국가 부채비율은 1980년 22.5%에서 2018년 184.4%에 이르렀다.

포퓰리즘 정책을 시행한 또 다른 국가는 베네수엘라다. 세계 최대의 산유국인 베네수엘라는 1999년 차베스가 집권하면서 주요 산업을 국유화하고 무상복지를 확대하는 정책을 시행하였다.

유가가 하락하자 무상복지를 지원할 재원확보가 어려워지면서 물자 부족과 높은 인플레이션이 발생했다. 차베스는 보조받은 중국산 냉장고에 '차베스 할인Chavez discount'이라고 붙여 국민에게 제공하였다. 그러나 식량 부족으로 냉장고에 채울 물건이 없었다. 그 결과 2016년 3/4에 해당하는 국민의 몸무게가 평균 19파운드(약 8.6kg) 감소하였다. 2018년 실업률은 35%에 이르렀고, 2019년 소비자물가 상승률이 20만%에 이르렀다고 한다. 2018년 6만 5,374% 비교해봤을 때, 비교 의미 없을 정도의 폭등세다. 전형적인 하이퍼 인플레이션hyperinflation이다. 한 달 월급으로 계란 한판도 사기 어려울 지경이었다고 한다. 1인당 실질 GDP는 2017년 1만 1,163달러에서 2018년 9,595달러로 하락하였다.

차베스는 신자유주의 정책에 강력히 반대하면서 자급자족에 의한 국가경제발전 정책을 추진한다고 이야기했다. 그의 주장은 당시 경제적 어려움에 직면하고 있던 남미국가들의 강력한 지지를 받기도 했다. 이들 국가는 베네수엘라의 석유를 지원받기도 했다. 한국도 예외가 아니었다. 2006년 KBS에서는 '신자유주의를 넘어서, 차베스의 도전'이라는 프로그램을 방영했다. 석유매장량 1위엔 베네수엘라 대통령 차베스를 남미의 사회주의자라 소개했다. 그러면서 그를 미국의 정책과 신자유주의를 반대하는 인물로

표39 • **주요국의 포퓰리즘 정책**

국가	정부	주요 정책
아르헨티나	페론 (1946~1955)	• 노동자 총연맹(CGT) 설립, 노동사회보장처 신설 • 유급휴가, 최대근로시간, 최저임금, 해고금지법
	페르난데스 (2007~2015)	• 페론주의를 계승하며 키르치네르주의 주장 • 보편적 아동지원정책(AUH), 아동이 있는 가족에 대한 복지수당 지급
그리스	파판드레우 (1981~1989)	• 급격한 최저임금 인상 • 무상의료 및 무상교육, 공무원 증원, 연금지급액 인상
베네수엘라	차베스 (1999~2013)	• 무상의료, 무상교육, 무상주택(빈곤층), 기초식량 보급

자료: 강성진(2018); 한국경제(2019.6.9.); Schnitzer(2000); 조선일보(2020.2.18.).

그렸다. 이 방송은 차베스 정책에 대한 기대와 지지를 보냈다고 할 수 있다. 당시는 노무현 정부 때였고, 베네수엘라 정책을 통해 국내에서 자신들이 주장하는 정책의 정당성을 얻고자 했던 것으로 보인다.

한국에서도 포퓰리즘 정책에 대한 논쟁은 지속되고 있다. 그러나 재정파탄이 일어났거나 경제발전이 후퇴되고 있는 상황은 아니라 앞에서 언급한 국가들처럼 비판을 받고 있지는 않다. 그러나 미래세대로부터 포퓰리즘이었다는 비판을 받을 만한 정책들은 많이 있다. 일례로 대통령 혹은 국회의원 선거철마다 남발되는 과도한 지역발전 공약들을 들 수 있다. 이들 중 상당수는 경제적 이득에 대한 기대가 크지 않다. 실제로 정책이 시행된 이후 비용 대비 편익이 크다고 볼 수 없기 때문이다. 예를 들면 새만금 간척사업, 주요 지역 공항 건설, 공기업 지방이전, 무상복지(무상급식, 무상교육, 무상보육) 정책 등이 있다. 무상복지는 양극화나 소득분배 개선이라는 목적과 거리가 있지만 재정건전성에는 매우 큰 영향을 미칠 수 있다. 따라서 지속적인 경제성장이 뒷받침되지 않는다면 포퓰리즘 정책이었다는 비판을 면하기 어려울 것이다. 계속 이야기했지만 많은 선진국들이 무상복지를 실시한다고 해서 포퓰리즘이라고 비난 받지는 않는다. 다행히 아직은 재원조달을 위해 기업이나 산업을 국유화한다는 구체적인 정책을 밝힌 정부는 없다. 경제성장을 통해 재정수입을 확보한다는 정책 기조가 변하지 않았다는 것이 매우 다행스러운 일이라 하겠다.

무엇보다 재정건전성 확보가 중요

어떠한 정책이 포퓰리즘인지 아닌지 판단하기 위한 기준은 다음과 같다.

첫째, 무상복지를 실시하느냐 마느냐에 초점을 둘게 아니라 재정건전성이 확보되는 정책인가부터 따져야 한다. 많은 선진국은 다양한 형태의 무상복지정책을 시행하고 있으나 포퓰리즘이라고 하지 않는다. 이들 국가는 정책 시행을 위해 필요한 재원을 충분히 확보하고 있기 때문이다. 한국도 마찬가지다. 다양한 형태의 무상복지 프로그램을 시행하고 있는데 이것들이 포퓰리즘 정책인지 평가를 내리기는 아직 이르다. 미래 정책지원을 위해 필요한 재정을 충분히 확보할 수 있는가에 달려있다. 중요한 것은 연금, 보험 등 재원에 대한 다양한 시나리오 분석을 했을 때, 지금 같은 재정지출이 이루어진다면 생각보다 빠른 시기에 재원이 고갈될 수 있다는 연구결과가 나왔다는 점이다.

복지정책을 논의할 때 많이 쓰이는 얘기가 '공짜 점심은 없다'는 것이다. 우리가 먹는 점심에는 반드시 비용이 수반된다는 것이다. 이를 국가적으로 보면 복지정책을 이용하여 국민이 혜택을 받는 경우 이에 대응하는 비용은 우리 스스로가 마련해야 한다. 부채를 통하여 지출했다면 다음 세대가 갚아야 하는 비용이다. 이러한 비용은 결국 경제성장을 바탕으로 한 정부의 재정수입을 통해 충당되어야 한다. 따라서 재정고갈이나 재전건전성 여부에 대한 논의를 활발히 해야 한다.

둘째, 재원을 거두기 위해서는 일정 수준의 경제성장을 통한 세원 확보가 필요하다. 문제는 포퓰리즘 정책으로 비판받는 국가들은 재원확보를 위해 산업을 국유화하거나 세율 인상 정책을 폈다는 점이다. 이러한 정책은 국영기업의 비효율성과 부정부패를 유발한다. 또한 지나친 세금인상은 조세회피 및 노동의욕 감소로 이어진다. 그리고 경제성장 하락 및 조세수입 감소를 가져와 오히려 정부수입을 감소시킨다. 조세수입에 대해서도 고민이 필요하다. 앞서 논의했지만 우리 국민의 50% 정도는 소득세를 납부하지 않는다. 따라서 정부는 세율인상 측면만 생각하지 말고 세원을 확대하는 정책도 고려할 필요가 있다. '소득 있는 곳에 세금이 있다'라는 기본원리를 인지해야 한다. 정치적 부담으로 정부나 정치인들이 앞장서서 이런 주장을 하지 못하고 있는 것이 문제다.

베네수엘라의 몰락도 유사하다. 보유하고 있는 석유자원에 지나치게 의존한 것이다. 정부는 꾸준한 석유 가격상승으로 정부재정이 확보된다고 생각하고 무상복지 정책을 시행하였다. 당시는 가능할 것이라고 믿었을 것이다. 그러나 석유 가격이 급격히 하락하면서 복지 재원을 충당하지 못했고 재정적자가 나타났다. 만약 베네수엘라가 석유 가격이 높은 시기에 자금을 미래성장동력에 투자하여 경제성장 잠재력을 확보했다면 경제위기에 직면했을 때 적절하게 대응할 수 있었을 것이다.

셋째, 일반 투자성격의 정책과 달리 복지정책은 최소한 매해 같은 재원이 필요한 소비성 지출이라는 점을 인식해야 한다. 일반적으로 정치인들은 소비와 투자개념에 대해 혼동하는 경우가 많다. 과거 노무현 정부의 혁신도시 및 이명박 정부의 4대강에 대한 투자지출을 보자. 어떤 정치인들은 이 예산을 아꼈으면 국민에게 복지자금을 충분히 줄 수 있었을 것이라고 주장한다. 복지지출은 소비성 지출이어서 어느 한 해에만 지출해서 되는 것이 아니라 한 번 지출하기 시작하면 매해 지출해야 한다. 반면 혁신도시나 4대강 지출은 투자성 지출이라 매해 같은 금액을 지출할 필요가 없다.

우산은 비올 때 써야 한다

정책을 수행하는 데 필요한 재원을 정부가 확보하지 못한다면 부채로 조달해야 한다. 정부부채는 현재 세대나 미래세대가 갚아야 한다. 그러나 정책입안자 혹은 정치인들은 지속적으로 바뀌기 때문에 자신들이 집권할 때 갚아야 할 필요성을 느끼지 못한다. 그래서 자신들이 최대한 많이 지출하려는 유혹을 받게 되면서 도덕적 해이가 나타나고 이는 곧 포퓰리즘 정책 발생의 이유가 되기도 한다. 한국도 현재 시행하거나 하려는 다양한 복지정책과 저

표40 ● 정부재정수지와 국가채무

단위: 조 원

지표	2015	2016	2017	2018	2019
통합재정수지	-0.2	16.9	24	31.2	-12
관리재정수지	-38	-22.7	-18.5	-10.6	-54.4
국가채무	591.5	626.9(35.4)	660.2(33.7)	680.5(20.3)	728.8(48.0)
GDP 대비 비중 (%)	35.7	36	36	35.9	38.1
중앙정부	556.5	591.9(35.4)	627.4(35.5)	651.8(24.4)	699.0(50.1)
지방정부	34.9	35.0(0.1)	32.8(-2.2)	28.7(-4.1)	29.6(0.9)

주: 1) ( )는 전년 대비 증가액임.

자료 : 통계청, e-나라지표 통합재정수지; 기획재정부, 2019회계연도 국가결산.

출산·고령화에 대한 추가비용을 미래 재정으로 충분히 지원 가능한지 논의해야 한다. 이 가능성을 보기 위하여 최근 정부의 재정지출 현황과 국가채무 변화 추이를 비교해보자.

정부는 소득주도성장정책의 정부재정 확보를 위하여 재정지출을 확대하였다. 이 결과로 2019년 통계 공포 이후 최대의 재정적자가 나타났다. 〈표 40〉은 2015년 이후 정부재정수지 추이를 보여준다. 2019년 11월 기준 통합재정수지는 7.9조 원 적자를 보고 있고, 관리재정수지는 45.6조 원의 적자를 보여주었다. 통합재정수지는 '세입(경상수입+자본수입) – 세출 및 순융자'로 정의된다. 그리고 관리재정수지는 통합재정수지에서 사회보장성기금 수지

(국민연금, 사학연금, 고용보험, 산재보험)를 제외한 것으로 재정건전성 여부를 명확히 판단하는 데 많이 사용된다.

매해 누적된 정부재정수지의 적자는 다음 정부 혹은 다음 세대가 갚아야 한다. 이를 국가부채라고 하는데 이 중에서 중앙·지방정부가 반드시 갚아야 할 부채를 국가채무$_{D1}$라고 한다. 이 금액이 증가한다는 것은 현재 세대의 지출을 위하여 사용한 금액을 미래세대가 대신 갚아야 하는 뜻이다. 2019년 기준 국가채무(중앙정부 및 지방정부 순채무의 합)는 728.85조 원으로, 2015년 591.5조 원에 비해 약 140조 원 증가하였다. 이런 증가추세로 인해 GDP 대비 비중은 2015년 35.2%에서 2019년 37.2%로 증가하였다.

한국의 미래 재정건전성 정도는 국가부채 전망치를 살펴보면 어느 정도 예상할 수 있다. 과거 기획재정부는 〈2060년 장기재정전망〉(2015.12.03.)을 통해 세출구조조정을 지속적으로 추진했을 때, 2060년 국가채무비율을 GDP 대비 38.10%로 전망하였다. 그러나 세출구조조정이 없는 경우에는 62.4%까지 상승가능하다고 발표하였다. 좀 더 장기적인 예측치들이 경제상황 변화에 따라 어떻게 변하는지 국회예산정책처의 주요 중·장기 재정전망자료를 통해 비교해보자. 각 연도의 정부 예산을 근거로 재정에 영향을 주는 주요 경제지표들을 전망하여 국가부채의 변화추이를 알아

표41 • 국회예산정책처 국가채무 중·장기 전망

단위: 조 원(%)

발표연도	2020	2030	2040	2050	2060
2012	815(38.7)	2,022(58.6)	4,669(91.3)	9,437(136.3)	18,375(218.6)
2014	753.2(37.0)	1,949.6(58.0)	4,286.8(85.1)	8,347.2(121.3)	14,612.1(168.9)
2016	846.0(39.5)	1,783.3(43.6)	3,611.5(80.1)	6,851.9(111.0)	12,099.7(151.8)
2018	759.1(39.5)	1,240.9(50.5)	1,930.8(65.6)	2,863.8(85.6)	-
2019	811.1(40.5)	1,490.6(56.7)	-	-	-

주: 1) 기준선 전망치임.
2) 2019년 발표 자료에서 2030년은 2028년 값임.
자료: 국회예산정책처(2012, 2014, 2016, 2018, 2019b).

본 것이다. 물론 기준이 되는 예산이나 국가재정운용계획은 당시 제시된 것을 기준으로 했다.

〈표 41〉의 국회예산정책처의 전망을 살펴보면 2012년과 2014 년도의 국가부채 GDP 비중이 가장 높게 전망되고 있다. 그 이후 2016년 발표 전망치는 하락했다가 다시 상승하는 모습을 보여준 다. 2030년을 비교해보자. 2012년 및 2014년 발표 자료에는 각각 58.6%와 58.0%로 전망하였다. 반면 2016년에는 43.6%로 전망 하였으나 2018년과 2019년에는 각각 50.5%와 56.5%로 전망하 였다. 물론 2019년 발표 자료에서 2030년 값은 2028년 값이어 서 2030년 실제 전망치는 더 높을 것으로 예상된다. 코로나19 쇼

크 대비를 위한 추경이 이루어진다면 정부의 재정적자는 더욱 확대될 것이다. 이를 반영하여 나올 국가채무는 기존 전망치보다 더욱 증가할 것이다.

2020년 전 세계적인 코로나 확산은 재정적자 폭을 더욱 확대해 국가채무를 빠르게 증가시킬 것이다. 정부는 코로나 발생 이전에 이미 2020년 예산 중 72조 정도의 적자재정을 편성해두었다. 여기에 3차에 걸친 추경을 모두 합하면 120조 이상의 재정적자가 예상된다. 이는 1998년 외환위기 때의 24조 9,000억 원과 2009년 글로벌 금융위기 때의 43조 2,000억 원 적자를 훌쩍 넘는 것이다. 2019년 사상 최대 적자인 54조 4,000억 원이 무색하게 되었다.

정부의 재정적자 규모가 급속하게 증가하고 있고, 여기에 저출산·고령화에 의한 사회복지 지출의 증가까지 예상된다. 지출에 대해 정부수입·지출구조의 적절한 조정이 필요하다. 재정건전성을 관리하지 않는다면 미래세대로부터 포퓰리즘 정책이라는 비판을 면하기 어려울 것이다.

라이브 경제학

초판 1쇄 2020년 7월 7일
초판 2쇄 2021년 7월 9일

지은이 강성진
펴낸이 서정희
펴낸곳 매경출판㈜
책임편집 이현경
마케팅 강윤현 이진희 장하라
디자인 김보현 이은설

매경출판㈜
등록 2003년 4월 24일(No. 2-3759)
주소 (04557) 서울시 중구 충무로 2 (필동1가) 매일경제 별관 2층 매경출판㈜
홈페이지 www.mkbook.co.kr
전화 02)2000-2642(기획편집) 02)2000-2636(마케팅) 02)2000-2606(구입 문의)
팩스 02)2000-2609 **이메일** publish@mk.co.kr
인쇄 · 제본 ㈜M-print 031)8071-0961
ISBN 979-11-6484-133-2(03320)

이 도서의 국립중앙도서관 출판예정도서목록(CIP)은 서지정보유통지원시스템 홈페이지(http://seoji.nl.go.kr)와
국가자료공동목록시스템(http://www.nl.go.kr/kolisnet)에서 이용하실 수 있습니다.
(CIP제어번호: CIP2020023980)